Lætitia Boulin-Néel

LE CHEVAL LUSITANIEN

Élevage et traditions équestres au Portugal

Cheval magazine
Casa éditions

Picanço, de l'élevage Sousa Cardoso, appartenant à Ventura Miranda, monté par le ca-valier espagnol Sergio Martin.

SOMMAIRE

Sevilhana, jument de l'élevage du Dr Carlos Ferreira.

PRÉFACE

Indifférente à l'intensité de la chaleur aride qui se faisait sentir et à l'aspérité de la terre déshydratée sous ses pieds, la façon dont elle parcourait, enthousiasmée, la pâture des juments, laissait deviner un amour des chevaux trop fort pour être sensible à l'inclémence de cet été alentejano. Tandis qu'elle observait la jumenterie, proposant des cadrages et des angles de prise de vues au photographe qui l'accompagnait, ne s'arrêtant que pour poser des questions sur les généalogies ou faire des remarques sur les mouvements d'un poulain, Lætitia affichait une lueur dans le regard qui dénonçait la découverte d'une vraie passion.
Cet été 2003, Lætitia Boulin-Néel s'était présentée comme reporter pour un magazine français qui jouit d'un prestige incontestable dans le monde équestre. Son objectif était d'inclure notre haras dans un article approfondi sur le thème du cheval lusitanien.
C'est d'abord sa profonde sympathie que j'ai perçue en elle, bien que je l'aie devinée compétente, comme allait le confirmer son excellent reportage, quelques mois plus tard.
Dévoilant un style léger, rythmé et concis, elle abordait aisément des thèmes aussi complexes que l'élevage équin ou l'équitation, en exprimant ses idées avec une clarté admirable.
Et c'est ce même don que nous retrouvons dans ce nouveau livre de l'auteur. Comme tout bon cavalier, Lætitia a su, grâce à son talent, monter le puissant cheval, en tenant les rênes de façon sûre et distinguée. Précision et rigueur dans les mouvements techniques, sensibilité et beauté dans les aspects artistiques.
À mon sens, notre cheval a trouvé le meilleur équilibre qui soit entre la raison et le sentiment, capable de répondre aux désirs à la fois techniques et artistiques du cavalier. Aussi, sa promotion doit être le fruit d'une analyse soignée et d'une compréhension profonde, que seul peut réaliser celui qui ressent le privilège de transmettre, outre les aspects morphologiques et fonctionnels, le grand potentiel d'émotivité que son utilisation peut constituer.
C'est cet héritage merveilleux que Lætitia Boulin-Néel a transmis à travers son œuvre.
Grâce à sa compréhension du sujet et à la qualité de son écriture, Le Cheval Lusitanien - élevage et traditions équestres au Portugal offre là, une vraie dimension à cette race pure de chevaux de selle, abordant tous les aspects historiques fondamentaux de son

évolution et de ses caractéristiques génétiques, tout en reproduisant l'expression de réalisation et de bonheur que la relation avec le cheval peut procurer.
Depuis ce jour torride à la Herdade das Esquilas, l'amitié qui lie notre famille à Lætitia gagne, à chaque rencontre, en solidité et en vigueur. Dans les lieux les plus divers - les arènes, les carrières de dressage, le Festival du cheval lusitanien, la Foire de Golegã, ou dans la tranquillité du manège de Monforte, la vivacité de son dialogue, la perspicacité de ses observations, l'enthousiasme exprimé à travers l'harmonie de ses deux passions : les chevaux et l'écriture, renforcent mon admiration pour elle.
Pour l'aficionado du cheval, il s'agit ici d'un livre dont la lecture est indispensable, non seulement pour son aspect didactique incontestable, mais aussi pour les plus belles références au Portugal et aux Portugais, à leur culture et à leurs traditions.
En tant que cavalier et éleveur de chevaux lusitaniens, je tiens à exprimer à Lætitia ma reconnaissance pour cette faena (ou création), que je considère comme l'un des plus beaux tributs à la race du pur-sang lusitanien.

Paulo Caetano
Septembre 2004

INTRODUCTION

Au rythme du fado, langoureux et nostalgique, les mots se bousculent paisiblement dans ma tête pour évoquer la magie du Portugal. Pays de traditions, pays de chaleur, pays de lumière, le Portugal se vit à travers le cheval lusitanien et son plus fidèle allié, le taureau de combat.

Unis par l'Histoire et par la passion des hommes pour leur beauté, leur noblesse et leur bravoure, le toro bravo et le lusitano se racontent, un court instant, dans l'arène, le temps d'un duel quasi-fratricide, à la fois étrangement dur et intense et incroyablement esthétique. Frissons.

Le fado, alors, s'en mêle ; de temps en temps, seulement. Et les voix suaves des fadistes pansent les plaies des âmes encore sous le choc d'émotions extrêmes.

Plus loin, loin de la cohue trépidante des aficionados portugais, les immenses pâtures du Ribatejo et de l'Alentejo hébergent et nourrissent grassement ces mêmes stars des arènes, qui paissent conjointement, dans un calme et une sérénité assurés par la démesure des champs d'oliviers et de chênes liège. Lieux enchantés, sortis d'un génial chapeau peut-être divin, les élevages du Sud du Portugal s'étendent sur des milliers d'hectares de déserts humains, comme pour satisfaire les caprices de leurs héros toros et lusitanos…

Autre lieu, autre ambiance. Lumière pâle des rares belles journées de la fin de l'automne. Fumée chaude et épaisse des marrons qui grillent au charbon de bois. Capharnaüm de chevaux et cavaliers en traje português - la tenue traditionnelle. Par centaines, ils tournent dans un sens insensé, en un grand rectangle autour de la grand'place du village, bordée de casetas en bois des éleveurs les plus réputés. Nous voici à Golegã, ville du Ribatejo et capitale du lusitanien, en plein mois de novembre. Au moment où,

solennellement la France commémore l'armistice du 11 novembre 1918, les Portugais fêtent, pendant dix jours, à grand renfort de joie, de bonne humeur, de bonne chère, de bière, de vin et autres alcools, la Saint-Martin, prétexte d'une foire entièrement dédiée au cheval lusitanien. Surprenant, ahurissant même, cet hommage déroute l'étranger, tant il dépasse le simple folklore. Excessif, violent parfois - surtout en fin de nuit, il laisse transparaître toute la fierté d'un peuple profondément indépendant, établi dans ses propres frontières depuis 1297, et ce, dit la légende, grâce à son fidèle cheval.

Cinq mois passés au Sud du Tage, ajoutés à quelques autres séjours, ont suffi à me séduire, à me ravir, corps et âme. Appel indécent du Sud, de son soleil, de ses couleurs dorées et de ses sensations chaudes, le cheval lusitanien, aux vertus les plus rares, m'a prouvé sa beauté, sa gentillesse, son courage, sa noblesse, et il m'a donné l'envie profonde de me rattacher à son si beau pays.

Comment, alors, ne pas lui consacrer un livre entier, lui qui a su s'ériger, au fils des siècles, en digne vainqueur des invasions mauresques et des guerres espagnoles, des corridas de taureaux et de pur-sang anglais ; et qui a su inspirer les plus grands écuyers de tous les temps…

Ibérico, fer Casal Pinhal,
monté par le torero
Vitor Ribeiro.

Juments et pouliches
dans les prés de la
Coudelaria Raposo
Cordeiro, à Benavente.

ROYAL DESTINÉE POUR UN CHEVAL DE ROI

Bento Castelhano et
Regalo, dans le manège
de l'élevage du Dr
Pedro Ferraz da Costa.

Statue en bronze celte-ibère, datant de l'Âge de Bronze, que l'on plaçait dans la tombe des guerriers en guise d'offrande. Coll. Arsénio Raposo Cordeiro

Du cheval ibérique au cheval lusitanien

Cheval de guerre, cheval de roi et de cour, cheval de torero et de conquistador, cheval de haute école et de travail aux champs, cheval de dressage, d'attelage, et parfois même d'obstacle… Il semble décidément qu'aucun trait de pinceau, aucune touche de couleur ne manque au cheval lusitanien pour parfaire son œuvre, un tableau des plus brillants qu'aucune autre race ne peut égaler.

Sans doute doit-il cette large palette à son histoire, si riche, si longue et si distincte. Né, probablement voici plusieurs millions d'années, le cheval ibérique peut se targuer d'être le plus vieux cheval de selle du monde. Il peut aussi se vanter d'avoir osé attirer les convoitises des Grecs et des Romains qui n'ont eu de cessent d'en faire son éloge dans leurs textes anciens, et qui, lorsqu'ils l'ont pu, s'en sont servis impunément pour leur propre usage. Mais s'il reçoit aujourd'hui encore les honneurs les plus respectueux du peuple portugais, c'est surtout parce qu'il a contribué à écrire les pages décisives de l'histoire de ce petit pays à la trajectoire fulgurante. Après avoir aidé au Moyen Âge à l'indépendance du pays, le lusitanien s'est embarqué avec les grands navigateurs de la Renaissance, à la conquête du nouveau monde. La mission accomplie, il s'est alors attaché à séduire les plus grandes cours d'Europe, de son rassembler inné et de ses airs de haute école. Après avoir subi quelques défaites napoléoniennes ainsi que quelques désillusions sévères, il revient en force à la fin du XXe siècle, et s'affiche à l'aube du troisième millénaire, comme l'un des meilleurs ambassadeurs du Portugal dans le reste du monde.

Cheval d'exception, tant dans sa durée que dans ses qualités intrinsèques et immuables, méritait-il le dédain longtemps affiché des historiens à son égard, lui préférant de loin le cheval arabe et son passé enrichi d'un fort goût religieux **(1)**, ou même l'Akhal-Téké **(2)**, dont la pureté légendaire, hardiment défendue par l'isolement de ses steppes asiatiques, semble aujourd'hui remise en question ? Méritait-il aussi l'amalgame inévitable avec son voisin espagnol ?

Si la première question appelle une réponse sévère et sans appel, la seconde peut prêter à quelques confusions qu'il est bon d'élucider avant d'aller plus avant. En effet, nombreuses appellations sont usitées, à tort ou à raison, pour désigner le cheval lusitanien. Du genet d'Espagne au pur-sang lusitanien en passant par le cheval ibérique, l'Andalou, l'Espagnol, le pure race espagnole, le P.R.E., le lusitano… Dans ce dédale de noms plus ou moins emphatiques, une mère y retrouverait-elle ses petits ?

PURE RACE ESPAGNOLE OU PUR-SANG LUSITANIEN ?

Recomposons le puzzle, pièce après pièce. Cheval lusitanien, lusitano, pur-sang lusitanien, cheval de pur-sang lusitanien, tous ces termes ou expressions nomment le même cheval : le lusitanien, dont le berceau se situe anciennement en Lusitanie, et aujourd'hui, au sud du Tage, dans les limites du Portugal. Il s'agit donc des régions du Ribatejo, de l'Alentejo, de l'Estremadura, et très accessoirement de l'Algarve. L'ouverture tardive, du stud-book de la race, en 1967, a officialisé l'acceptation de l'expression « cheval de pur-sang lusitanien », confirmant par le terme pur-sang la pureté d'un cheptel dont les origines se perdent dans la nuit des temps.

Cheval espagnol, pure race espagnole, P.R.E., cheval de pure race espagnole, désignent le cheval élevé anciennement en Baetica romaine, puis en Andalousie, et aujourd'hui, un peu dans toute l'Espagne. La race est enregistrée dans un stud-book fondé en 1912, et tient à juste titre à faire respecter l'expression « pure race espagnole », afin de bien se dissocier des chevaux sans papiers qui spolient le marché européen par l'intermédiaire de marchands sans scrupule et dont le nom usurpé d'andalou trompe les clients les moins initiés.

La duperie est audacieuse et ingénieuse puisqu'elle dérobe à l'histoire un nom noble et apprécié, Andalou, qui servait, comme les termes cheval d'Espagne ou genet d'Espagne, à désigner le cheval ibérique tant espagnol que portugais, avant que l'histoire des XIXe et XXe siècles ne se charge, progressivement, de bien différencier les deux races, jusqu'à la création de leurs stud-books respectifs.

(1) L'histoire coranique confère au cheval arabe une dimension musulmane quasi divine, puisqu'il est dit que le prophète Mahomet fonda « le cheval de race pure » à partir des cinq juments qu'il envoya à La Mecque, pendant l'Hégire, en signe de victoire.

(2) L'Akhal-Téké est élevé dans les vastes steppes du Turkménistan et du Kazakhstan. Réputé surtout pour son endurance légendaire et sa morphologie longiligne, il prétend à une pureté de ses origines depuis plus de trois mille ans, et serait ainsi l'un des pères du cheval arabe. Aujourd'hui, les recherches tendent à infléchir la balance en sens inverse. Il pourrait en fait résulter des migrations du cheval européen vers l'Est après la Grande Glaciation et plus tard des croisements avec le cheval du Moyen-Orient, futur arabe, lors des multiples échanges guerriers et commerciaux auxquels se livrèrent les deux zones pendant des siècles.

Kessedag, étalon Akhal-Téké de 6 ans, de l'élevage Buès, France, né à Tchagorta en République de Kalmykie. L'un des plus beaux spécimens à robe dorée du monde.

À la poursuite d'un passé vieux comme le monde

L'histoire spécifique du lusitanien nécessite-t-elle que l'on plonge aux confins de la Préhistoire y puiser les origines lointaines des équidés ? Sans doute pas. Et l'on pourrait se satisfaire de prendre l'Histoire en route, aux premières heures de l'Antiquité. Pourtant, les récentes études et découvertes donnent quelques nouvelles clefs qui permettent d'appréhender l'évolution du cheval sous un autre regard, conférant au cheval ibérique une place prépondérante, qu'on ne lui avait jamais jusque-là accordée. Considéré dans la plupart des écrits comme le fruit des différentes migrations préhistoriques antiques des chevaux asiatiques et arabiques, il a même essuyé quelques affronts qui, aujourd'hui, prêtent à sourire. Qui n'a pas lu un jour, dans des encyclopédies datées, remontant aux années 1960 et 1970, que le cheval ibérique était une création somme toute assez moderne, résultant, à l'époque des invasions mauresques, du croisement d'une population locale avec des chevaux arabes, barbes importés ?

Vase ibérique, d'environ 500 av. JC, servant d'urne funéraire pour les guerriers ibères. Coll. Arsénio Raposo Cordeiro.

Jeunes mâles Sorraia et lusitaniens en train de brouter à l'élevage Fontalva, chez José Luís Sommer d'Andrade. Fier de ses racines préhistoriques, le Sorraia serait sans doute l'ancêtre du cheval ibérique.

Ghani, poulain barbe par Ben Ouassal et Arroussa de l'élevage Babin en France. Ce jeune barbe prouve par son physique, son cousinage avec les races ibériques : face busquée, encolure forte et arrondie, rein court, croupe ronde et musculeuse, épaule saillante et musclée…

DEUX MILLIONS DE BOUGIES !

D'après le Brésilien Paulo Gavião Gonzaga qui a entrepris un travail colossal et admirable de réécriture de l'histoire du cheval ibérique **(1)**, si ce dernier a été si longtemps ignoré, occulté, mal-aimé des chercheurs, c'est surtout parce que ceux-ci manquaient globalement de connaissances particulières et précises sur la Péninsule ibérique. Territoire excentré de l'Europe, et rattaché à elle par la formidable barrière naturelle que sont les Pyrénées, la Péninsule ibérique aurait effectivement souffert d'un désintérêt certain des historiens, qui les aurait poussé à des conclusions erronées via des raccourcis trop rapides, des généralisations excessives et des amalgames dangereux…
Aussi, une révision des classiques s'impose, et même si elle demande à être encore rédigée au conditionnelle, elle reste néanmoins une piste pionnière qu'il serait dommage de ne pas explorer.
Tout le monde s'entend à dire que l'ancêtre du cheval, le Meryhippus, puiserait ses racines dans la lointaine période du Miocène, voici quelque 15 millions d'années, lui-même descendant d'un petit animal à quatre doigts, scientifiquement appelé Hyracotherium, remontant à l'Eocène, soit plus de quarante-cinq millions d'années ! Quant à la version moderne de l'équidé herbivore marchant sur un seul doigt, elle serait apparue en plusieurs étapes, durant le Pliocène, d'abord, sous le nom de Pliohippus, puis, ensuite, sous le Pléistocène, (entre cinq et deux millions d'années) sous la forme que nous connaissons bien : l'Equus.
Traditionnellement, l'Equus connaît un découpage en quatre types de chevaux que nous devons à Ebhardt. Mais l'étude de Uerpmann parue en 1990 **(2)**, reconsidère cette répartition et, tout en maintenant quatre types, les divise différemment : l'*Equus ferus ferus*, vivant dans les steppes d'Eurasie, l'*Equus ferus sylvestris* vivant dans les forêts d'Europe du Nord, l'*Equus ferus lusitanicus* originaire de la Péninsule ibérique et, enfin, l'*Equus ferus scynthicus*, originaire de la Mer Noire. Les deux premiers types présenteraient des caractéristiques morphologiques un peu lourdes, tandis que les deux derniers seraient d'un type plus léger. Cette analyse nouvelle permettrait d'affirmer qu'il y a deux millions d'années vivaient dans la Péninsule ibérique des équidés d'une forme déjà morphologiquement différenciée !
Bien que des milliers de siècles séparent l'Equus du bas Pléistocène du cheval du haut Paléolithique (50 000-13 000 ans av. JC), cette hypothèse semble pouvoir s'appuyer sur les peintures rupestres des premiers hommes modernes. À l'heure où la dernière Glaciation commence à s'emparer du Nord de l'Europe, le transformant en un glacier géant, les grottes de France et d'Espagne commencent à se couvrir de représentations de scènes de vie. Parmi les plus anciennes, celle de Chauvet (32 000 ans av. JC) en France offre ses murs décorés de têtes d'aurochs et de chevaux de type Przewalski. Plus tard, alors que le grand froid bat son plein **(3)** (vers 18 000 ans av. JC), les peintures des célèbres grottes de Lascaux dans le Périgord français (14 500 ans av. JC) présentent sensiblement le même type d'animaux. Au même moment, au Portugal, celles d'Escoural dans l'Alentejo (17 000-13 000 av. JC), révèlent des modèles équins très différents, que l'on pourrait apparenter au Sorraia **(4)**, ce cheval primitif survivant, originaire du même berceau d'élevage que le lusitanien moderne.
Il est coutume de lire que pendant le Mésolithique, la période qui sépare la Grande Glaciation de la naissance de l'agriculture au Néolithique, vit la Péninsule ibérique se vider de ses chevaux. Pourtant, de nouvelles analyses tendent à prouver le contraire. En effet, la fin de la Grande Glaciation connaît un soudain regain de température (13 000 ans av. JC) qui modifie considérablement la donne. L'Europe du Nord dégelant rapidement, elle se couvre d'un tapis de forêts, qui repousse les steppes plus à l'est. Les équidés sont alors obligés d'entamer la seule migration d'importance qu'on leur connaît, s'expatriant en Eurasie pour suivre l'herbe, et, au Sud, en Péninsule ibérique, déjà terre d'accueil bien connue de bon nombre d'espèces pendant la Glaciation. D'autre part, les groupes humains évoluent. Plutôt que d'enterrer leurs morts séparément, ils forment les premiers cimetières dans lesquels aucune tombe de Péninsule ibérique – ni même d'Europe de l'Ouest, à l'inverse des régions d'Orient, ne renferme d'ossements de chevaux. Un indice qui tendrait à prouver que l'homme occidental ne chassait plus le cheval (il l'avait sans doute déjà domestiqué) avant les invasions indo-européennes. Autre indice révélateur parmi de nombreux autres : des pierres gravées trouvées en Espagne autour de 5 000 ans avant JC, montrent des hommes tenant en main des chevaux… Le cheval n'aurait donc jamais déserté la Péninsule, ni pendant, ni après la Grande Glaciation.

(1) **Dans son livre remarquable *A History of the Horse*, cf. bibliographie p. 207**
(2) **In : *Die Domestikation des Pferdes in Chalkolithikum Welt und Mitlleeuropas*, Madrider Mitteilungen, 1990.**
(3) **Au plus froid de la Glaciation, le glacier a franchi les Pyrénées, descendant jusqu'au Nord de la Péninsule, puisqu'il prend dans ses glaces la Serra de Estrela au Nord du Portugal.**

Guerrier chinois daté d'après la construction de la muraille de Chine (VIIe s. av. JC). Même alourdie, surtout au niveau de la croupe et de l'épaule, la morphologie de son cheval rappelle à s'y tromper celle des chevaux d'Ibérie. Coll. Arsénio Raposo Cordeiro

Vase grec datant d'environ 500 ans av. JC, trouvé en Péninsule ibéique à Alcácer do Sal, au Sud de Lisbonne. Quoique grec, le cheval évoque dans son allure celui du vase celte-ibère de la même époque. Coll. Arsénio Raposo Cordeiro.

LE PREMIER CHEVAL DE SELLE DU MONDE

Avec les premières heures de l'agriculture, entre 8 000 ans et 4 000 ans av. JC, les hommes sortent des cavernes. Horticulteurs, ils ont déjà apprivoisé les arbres et les plantes. Dorénavant, ils savent cultiver la terre et ses céréales. C'est le Néolithique. Le manque d'informations en Péninsule ibérique fait cruellement défaut quand, en revanche, les découvertes concernant la région d'Asie Mineure sont foisons. Quoi qu'il en soit, il semble que les peuples d'Orient aient domestiqué le cheval pour les aider dans leur tâche agricole, et non pour se hisser sur leur dos à des fins guerrières. Le cheval d'Asie est donc attelé et non monté. Et lorsque les échanges avec l'Occident se tissent, qu'ils soient sous forme d'invasions indo-européennes ou de migrations plus pacifiques des peuples d'Europe occidentale vers l'est, en route pour apprendre des nouvelles techniques, les peuples d'Asie Mineure sont encore probablement à pied, escortés de leurs chevaux tirant les chariots. Dans tous les cas, ils n'ont jamais envahi la Péninsule ibérique. Et l'on peut tout à fait concevoir que les peuples d'Ibérie aient, de leur côté, apprivoisé le cheval d'une autre manière. En effet, s'il est encore trop tôt pour affirmer qu'il a été le premier équidé domestiqué, il se fait de plus en plus clair qu'il est le premier cheval de selle du monde, puisque 3 000 ans av. JC, il s'affichait avec des cavaliers sur son dos.

Les derniers millénaires avant notre ère défilent. La Préhistoire et ses secrets touchent à leur fin, l'Antiquité et ses premiers écrits lui succèdent. L'âge de Fer offre ses vases d'Ibérie. Certains, datés d'environ 500 av. JC, dépeignent des chevaux qui, irrésistiblement, poussent l'observateur à les comparer aux lusitaniens actuels. Plus surprenants, les vases grecs de la même période arborent des peintures équestres qui semblent à mi-chemin entre l'Akhal-Téké et le cheval ibérique. L'épaule, la croupe, le geste évoquent les traits et l'allure des chevaux des vases ibériques. Alors que la logique voudrait que le modèle de Bucéphale s'approche du pur-sang arabe ou de l'Akhal-Téké, lui qui, avec Alexandre le Grand, conquit l'Orient jusqu'aux frontières de la Chine quelque 300 ans avant notre ère, se pourrait-il, en fait, qu'il s'apparente plus au cheval ibérique ?

LA GÉNÉTIQUE AU SERVICE DE L'HISTOIRE

La recherche historique, avec ses sauts, ses sursauts, ses rebonds et rebondissements, avance cahin-caha. Aidée des progrès de titan réalisés dans le domaine génétique, il se peut que l'histoire du cheval fasse un bond prodigieux dans les années qui viennent, grâce à des histoires de mitochondries ! La communauté généticienne ayant prouvé que, quelle que soit l'espèce animale, les mitochondries des chromosomes permettaient de remonter les filiations de mère en fille, de loin en loin, des chercheurs commandités par les Haras nationaux portugais et ceux d'autres concernés, ont entrepris des études sur plusieurs juments lusitaniennes, Sorraia, arabes, Lipizzan **(5)**, et sur des ponettes choisies parmi les plus vieilles races du monde. Les premiers résultats leur permettent d'affirmer que l'on trouve les mêmes mitochondries sur le groupe de juments Lippizan, arabes et ponettes étudié ainsi que sur les Sorraia et les lusitaniennes choisies, à l'exception de quatre que seules les lusitaniennes et les Sorraia porteraient. À la lecture d'un tel rapport, l'on pourrait être tenté d'abréger la recherche par des conclusions hâtives, qui déjà courent, répandant l'idée sans doute erronée que le Sorraia est à l'origine de toutes les autres races, et, l'idée peut-être moins erronée qu'il est le père du lusitanien. Il faut pourtant s'en garder, et lire ces données avec beaucoup de circonspection pour ne retenir qu'une chose : aujourd'hui, certains généticiens ont prouvé qu'un groupe donné de quelques juments lusitaniennes et Sorraia affiche un génome unique (6), que les juments arabes, Lipizzan, et ponettes soumises aux mêmes tests ne peuvent pas démontrer… L'on peut juste regretter que le barbe n'ait pas encore intégré cette étude, étant donné ses similitudes troublantes avec le lusitanien. Sans doute sera-t-il inclus dans le lot des prochaines recherches. Affaire à suivre !

(4) cf. fin de chapitre, p.39, sur le Sorraia.

(5) La fameuse race Lippizan, que l'École espagnole de Vienne a fait connaître au monde entier, n'est autre que la prolongation autrichienne d'une souche espagnole, achetée en 1564 par l'Archiduc Charles d'Autriche. La race, fermée depuis des siècles, est réputée pour son taux de consanguinité extrêmement élevé.

(6) Scientifiquement, il a été prouvé que le génome du Sorraia n'a pas bougé depuis 600 ans. On peut donc espérer qu'il n'ait pas bougé depuis 2000 ans… La confirmation génétique est en cours.

Laurence Bouteiller
et son paso péruvien,
Zafiro CSM, de l'élevage
Criadero Santa Maria.

Poney des Indiens Nez-Percés d'Amérique du Nord, l'appaloosa arbore une robe mouchetée héritée des chevaux d'Ibérie, passée de mode en Occident en Péninsule ibérique à la Renaissance.

Une histoire sacrée qui oscille entre le Coran et la Bible

S'il est aujourd'hui un peu mis à l'écart d'une Europe résolument nordiste, le Portugal peut pourtant se targuer d'être le plus vieux pays du continent ! Et rien ni personne ne pourra le contredire. Les preuves sont là. Officiellement, par le traité d'Alcanizes, le Portugal s'est établi dans ses frontières définitives en 1297, des frontières qu'il avait presque acquises déjà en 1250 en annexant la région la plus méridionale : l'Algarve et sa capitale Faro… De quoi faire pâlir bien des nations (1) ! Et résolument convaincu, avant même d'en avoir les preuves de l'ancienneté, de la primauté et de l'unicité de son cheval, il l'a intégré dans son paysage historique, lui donnant l'un des principaux rôles de l'unification précoce du pays et, par là même, de la reconquête chrétienne. Ainsi, les combats qui sont menés dès le XIIe siècle sur deux fronts, d'une part pour prendre aux Maures le Sud du Portugal et l'annexer dans le royaume naissant, et d'autre part pour défendre les frontières orientales des Espagnols, ressemblent surtout à des petites escarmouches régulières et nombreuses, bien plus que des grandes batailles. Montées sur leurs chevaux agiles et vaillants, les petites armées de Portugais impressionnent l'ennemi, et prennent l'avantage facilement.

(1) Que les Français n'en prennent pas ombrage, puisque, indirectement, la Maison de France, via la dynastie capétienne des Ducs de Bourgogne, fut à l'origine de cette unification. En effet, à la fin du XIe siècle, le roi de Leon-Castille et empereur d'Espagne, Alphonse VI maria ses deux filles Urraca et Teresa à deux fils de la Maison de Bourgogne, Raymond et Henri. Les frères reçurent en dot, l'un la Galice, l'autre le Comté de Portucalense, futur Portugal. De ces mariages censés consolider la couronne castillane, naquirent près de deux siècles de conflits qui menèrent à l'indépendance du Portugal.

HÉROS DE L'UNITÉ PORTUGAISE

Exemple frappant, le premier roi portugais Dom Afonso Henriques (2) s'appuya dans son entreprise d'émancipation, sur une troupe armée de la région de Coimbra dont le nom prouve ses origines non nobles mais pourtant cavalières « Cavaleiros-vilãos », révélant déjà un Portugal du Nord de petites pro-

(2) Fils d'Henri de Bourgogne et de Térésa, D. Afonso Henriques (1108-1185) prit le titre de roi en 1140, assuré par une bulle papale datée de 1143, du soutien du Saint-Siège dans son entreprise d'émancipation par rapport à l'Espagne. Son long règne, 57 ans, et ses qualités en firent le roi fondateur du Portugal.

En y regardant de près, cet écuyer du XVIIIe siècle marche à l'amble, un amble rompu qui ressemble au paso des chevaux peruano ou fino… Cette allure tant appréciée en Amérique du Sud serait donc bien un leg des chevaux ibériques.

priétés, et un Portugal du Sud où prédominent les grands domaines. Autre fait marquant, la fameuse bataille de Ourique (Bas Alentejo) en 1139 pendant laquelle Dom Afonso Henriques, escorté de Santiago le Matamouros (le tueur de Maures) et d'une poignée de chevaliers, mit en déroute une armée fort nombreuse d'infidèles. La bataille d'Ourique finit d'écrire la légende du cheval lusitanien, en même temps qu'elle s'auréole du mythe fondateur de la nation, Dom Afonso Henriques prenant quelques mois plus tard le titre de roi.

CONQUISTADOR

Absent du continent américain depuis des dizaines de millénaires, le cheval fut réintroduit aux Amériques lors des grandes découvertes portugaises et espagnoles de la fin du XVe siècle et du XVIe siècle. Partis pour des périples dont nul ne savait où ils les mèneraient, les explorateurs du Nouveau Monde embarquèrent à bord de leurs caravelles, quelques poulinières ainsi que quelques-uns de leurs meilleurs étalons qui pourraient les aider dans leurs aventures. Preuve de leur résistance à toute épreuve, nombreux sont les genets d'Espagne qui posèrent sabot sur le sol Américain, après des semaines, enfermés sur les flots parfois déchaînés… pour envahir, progressivement tout le continent, de la pointe sud du Chili à l'Alaska ! Quand on sait qu'à l'heure actuelle, aucune compagnie d'assurance n'accepte d'assurer un cheval pendant un transport en bateau, fût-il minime, tant les risques encourus sont élevés **(3)**… Décidément, l'endurance, devenue légendaire, des chevaux ibériques, méritait bien un juste retour : parmi les innombrables races d'équidés réparties sur tout le continent américain, il n'en est pas une qui ne compte parmi ses aïeux, les illustres genets d'Espagne. En Amérique du Sud, les chevaux de paso **(4)** héritent fièrement les traits de leurs ancêtres ibériques, se targuant d'avoir su conserver une allure que l'Europe, elle, clame avoir éliminée intentionnellement (ou, plus modestement, perdue par inadvertance ?) : le paso, cet amble rompu à quatre temps, si confortable pour les longues distances. Dans tous les cas, pendant les siècles les plus brillants, le paso ne semblait pas être cette tare que les éleveurs modernes veulent fuir absolument. En attestent quelques gravures et illustrations portugaises de la fin du XVIIIe siècle, dont l'une, notamment, représente un magnifique lusitanien dans ce paso tant moqué aujourd'hui en Europe et tant apprécié en Amérique.
Trois siècles plus tard, en 1807, l'armée de Napoléon déferle au Portugal, forte de cinquante mille hommes. Avec Junot à sa tête, elle oblige le prince-régent Dom João VI à prendre la fuite dans son autre pays : le Brésil. Il emmène avec lui quelques chevaux qui seront ainsi sauvés in extremis du sac des troupes impériales **(5)**. Au Brésil, la famille Junqueira acquit quelques-uns de ces étalons, et les croisa avec des juments locales d'origine hollandaise, puis ajouta quelques apports en sang arabe, anglo-arabe, anglais pour obtenir une race polyvalente, sans couleur sociale, qui pourrait chasser à courre et jouer au polo, mais aussi parcourir des grands trajets pour encadrer le bétail. Et quelques furent les croisements tentés, un impératif était respecté : conserver cette marcha trottada, sorte de pas trotté – ou plutôt un trot marché, sans temps de suspension et particulièrement confortable, que les chevaux de Dom João VI auraient rapportée d'Europe…

(3) Le cheval peut être lui aussi sujet au mal de mer, mais ne peut malheureusement pas l'exprimer, puisqu'il lui est impossible de régurgiter. Aussi s'enlise-t-il dans des fièvres et des déshydratations souvent fatales si elles ne sont pas interrompues à temps…

(4) Les chevaux de paso descendent des vingt étalons et cinq juments d'origine espagnole, sélectionnés des provinces de Cordela et d'Andalousie importés par Christophe Colomb lors de sa seconde expédition. Ils débarquèrent dans l'actuelle République Dominicaine, où fut érigé le premier haras chargé, par la suite, de fournir les chevaux nécessaires aux conquistadors qui succédèrent au grand explorateur. Aujourd'hui, deux types de chevaux de paso se distinguent : le cheval de paso fino, élevé en Colombie, dans les Caraïbes à Cuba, à Puerto Rico, et aux États-Unis ; et le paso peruano élevé au Pérou.

(5) cf. paragraphe p. 27

Deux grands noms de la tauromachie, Paulo Caetano et son fils João Moura Caetano à travers les chemins de leur ganadaria.

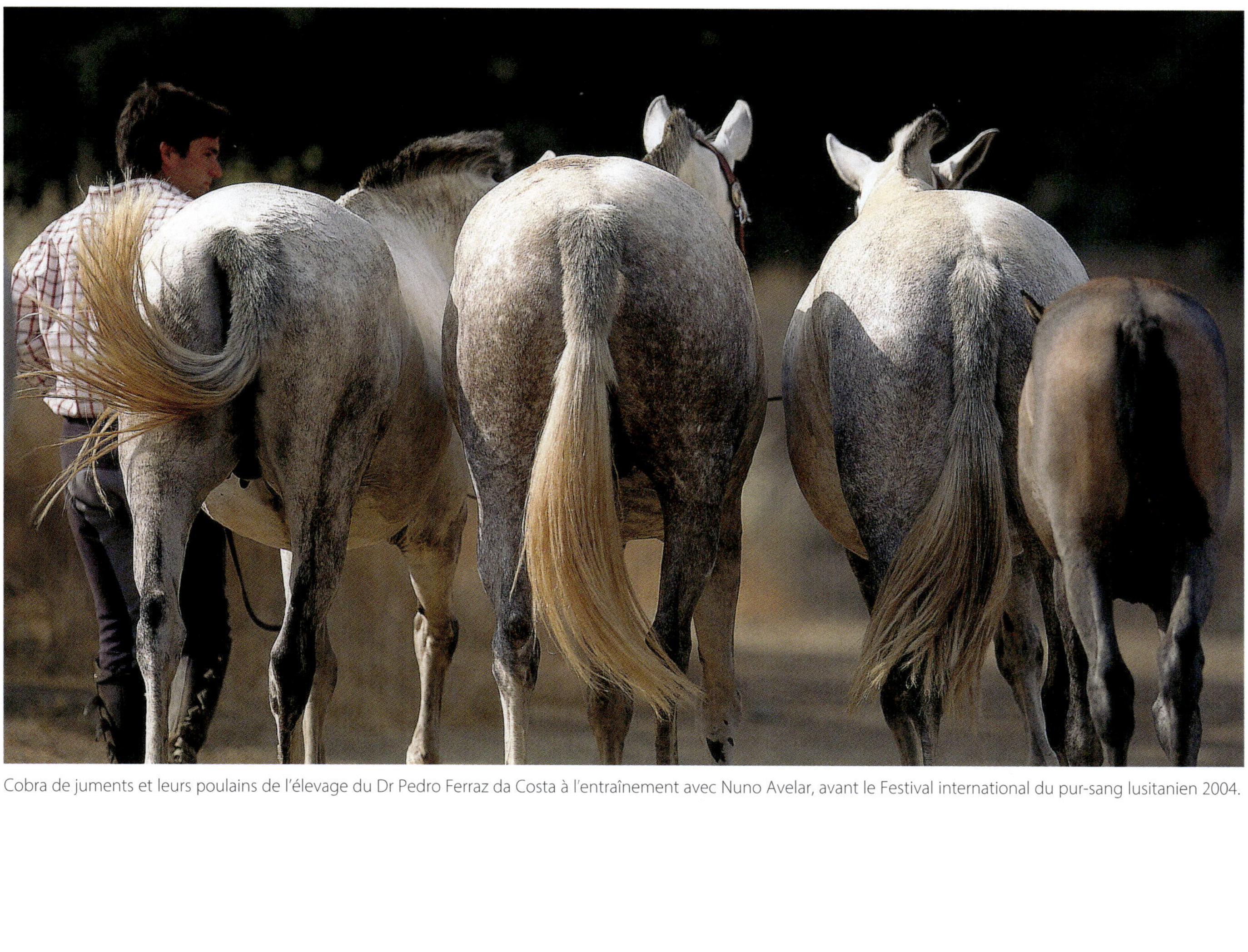

Cobra de juments et leurs poulains de l'élevage du Dr Pedro Ferraz da Costa à l'entraînement avec Nuno Avelar, avant le Festival international du pur-sang lusitanien 2004.

Do Excellentiſſimo Marquez de Marialva , formando hum Cavallo na acção das Garupadas para a direita.

Publiée en 1790 dans le livre de Manuel d'Andrade, cette gravure représente le célèbre Marquis de Marialva en train de former "un bon cheval" à la croupade.

Digne héritier des coutumes de l'équitation baroque franco-portugaise, Luís Valença Rodrigues présente son beau Lince, dans le respect des traditions les plus pures.

L'âge d'or du cheval d'Espagne

Alors que les conquistadors portugais parcourent le monde en quête de nouvelles contrées à explorer et exploiter, la Renaissance italienne, précoce (dès le milieu du XVe), donne l'occasion d'exprimer à cheval un art nouveau, qui allait faire fureur en moins d'un siècle, dans toutes les Cours : la haute école. Puisant ses sources à Naples, au sein d'académies équestres très réputées, comme celle de Gisone et celle de Fiaschi et, plus tard, celle de Jean-Baptiste Pignatelli, elle inonde rapidement l'Europe de ses figures de manège innovantes. Nombreux sont, en effet, les cavaliers qui courent jusqu'au Sud de l'Italie, s'imprégner du grand savoir des maîtres napolitains, pour le rapporter dans leurs bagages… chevauchant des genets d'Espagne, jusqu'alors ignorés des Cours européennes, qui toutes vantaient les mérites du cheval barbe ou bien du Turc (cheval arabe). Parmi les écuyers qui firent école à Naples chez l'illustre Pignatelli, deux noms jouissent encore aujourd'hui d'un certain prestige, celui d'avoir posé les bases de l'équitation moderne. Le plus célèbre est indéniablement Antoine de Pluvinel de la Baume (1555-1620), Directeur des Grandes Écuries sous Henri IV, puis précepteur du jeune Louis XIII, qui publia en 1623 *Le Manège Royal*, réécrit dans une version éducative sortie en 1627 sous le nom de l'Instruction du Roy en l'exercice de monter à cheval. Salomon de la Broue, quant à lui, est surtout connu pour ses méthodes douces avant-gardistes, rédigées presque quatre siècles avant les chuchoteurs américains ! Dans son œuvre, publiée en 1602, que La Guérinière appréciera grandement, il évoque son attirance pour le cheval d'Espagne, donnant le « la » pour les deux siècles à venir. Il sera de bon ton, désormais, d'aimer l'Espagnol et de le comparer dans des chapitres consacrés à cet effet, au Barbe et au Turc ! Aussi, il convient de

Zoom sur les images d'autrefois, les azuleros modernes ou anciens retracent les scènes de vie des plus grands écuyers portugais.

lire les textes d'époque avec quelques précautions, en apportant un bémol non négligeable à l'enthousiasme général que provoque le genet d'Espagne. L'art de la rhétorique et un goût prononcé pour le plagiat – totalement impuni à l'époque, ont sans doute contribué à parfaire le tableau !

LES GRANDS ÉCUYERS S'EXPRIMENT

Mais laissons la parole aux grands écuyers, et commençons, comme il se doit, par Salomon de la Broue :
« Et prenant les uns et les autres tels qu'on les peut trouver en leur naturelle perfection, je mets le vrai cheval d'Espagne au premier rang, lui donnant ma voix, comme au plus beau, plus noble, plus gracieux, plus brave, et enfin plus digne d'un Roy et même, celui d'entre ceux, qui sont naturellement grands coureurs, qui court plus tride (1) et de plus belle façon, et qui part mieux sur les hanches. Mas il se trouve ordinairement d'humeur colère, appréhensif : fougueux et délicat, et notamment le plus plein et traversé, ou le plus grand ne sera pas souvent le plus sensible et vigoureux. »
Un demi-siècle plus tard, le Duc de Newcastle (1592-1676) publie en 1658 à Anvers, où il tient manège, sa *Méthode et invention nouvelle de dresser les chevaux.* Dans le Chapitre IV consacré aux « quelques chevaux de divers pays » (2), il appuie les propos de La Broue, remarquant lui aussi que le genet espagnol est un véritable cheval de roi :
« J'ai eu des chevaux d'Espagne, et même, j'en ai eu quelques-uns ; ils sont extrêmement beaux, et les plus propres de tous à être portraits d'un pinceau curieux, ou pour la monture d'un Roi, lorsqu'en la gloire et Majesté il se veut montrer à ses peuples ; car ils ne sont si déliés que les Barbes, ni si gros que les Napolitains, mais en la perfection entre les deux. Le Genet a un pas superbe et hautain, le trot excellent, le galop admirable, et la carrière très vite : ils ne sont guère forts pour la plupart, si pourtant ils sont bien choisis il n'est pas un cheval plus noble qu'eux, et j'ai ouï d'étranges histoires de leur courage. Lors que par la force et quantité de blessures leurs entrailles étaient pendantes, ils ont emporté sain et sauf celui qui les montait, avec le même courage, et la même superbe qu'ils l'avaient apporté, et après s'allaient mourir. Les meilleures races sont à Andalousie, et spécialement la race, que le Roi d'Espagne a dans Cordoue, est la meilleure. »
Et de conclure tout de même : « Quant aux Barbes, il faut que je confesse qu'ils sont mes favoris : c'est peut-être que j'en ai plus eu et vu qu'aucune autre sorte de chevaux. »

"LE PREMIER DE TOUS LES CHEVAUX"

Livre rarissime, la *Méthode de Newcastle* n'a été imprimée qu'en cinquante exemplaires, le Duc exigeant rapidement la destruction des planches de son livre… Par chance, le *Traité de Cavalerie* de François Robichon de la Guérinière (1688-1751), publié entre 1729 et 1731, et écrit dans la ligne de pensée de Newcastle (3), n'a pas subi ce triste sort, puisqu'il a vécu multiples rééditons jusqu'à nos jours, et reste encore aujourd'hui la bible de l'équitation et le livre de chevet de bon nombre de cavaliers. L'illustre Écuyer du Roi, directeur du Manège royal des Tuileries écrit, dans son chapitre V, lui aussi dédié « aux chevaux de différents pays » :

Depuis les grands siècles baroques, tresses et rubans enjolivent les crinières des étalons de Alter et des chevaux de haute école ou de tauromachie pour les grandes occasions.

(1) Tride : Terme de manège utilisé en vieux français et hérité de l'anglais Tread (allure), signifiant vif et serré (dictionnaire Littré de 1880).
(2) Dans le paragraphe précédent, le Duc de Newcastle parle de la taille des chevaux barbes, turcs (arabes) et espagnols.
(3) Le Marquis de la Guérinière disait s'être inspiré de deux cavaliers, M. du Plessis (1620-1696), maître de Louis XIV, et M. de la Vallée, qui n'ont pas laissé d'écrits. Quant aux auteurs, il reconnaissait La Broue, et Newcastle, dont il disait qu'il était « le plus savant homme de cheval de son temps ». Quant à Pluvinel, il lui accorde peu d'importance.

En hommage aux écuyers du XVIIIe siècle, la tenue Louis XV est restée de mise parmi les toreros et les écuyers portugais des temps modernes.

« Tous les Auteurs ont donné la préférence au Cheval d'Espagne, et tous l'ont regardé comme le premier de tous les chevaux pour le manège, à cause de son agilité, de ses efforts, et de sa cadence naturelle ; pour la pompe et la parade, à cause de sa fierté, de sa grâce et de sa noblesse ; pour la guerre dans un jour d'affaire, par son courage et sa docilité. Quelques-uns s'en servent pour la chasse et pour le carrosse ; mais c'est dommage de sacrifier à ce dernier usage, un si noble animal.
M. le Duc de Newcastle, qui donne de grands éloges au Cheval d'Espagne, ne lui trouve qu'un défaut, qui est d'avoir trop de mémoire ; parce qu'il s'en sert pour manier par soi-même et pour prévenir la volonté du Cavalier ; mais ce défaut, si c'en est un, n'est que l'effet de sa gentillesse et de sa ressource, dont il est aisé de profiter, en suivant les principes de la vraie École. »
Nombreux autres extraits élogieux pourraient être repris, notamment ceux du Baron Eisenberg, qui fit paraître, en 1759, *L'Art de monter à cheval ou Description du manège moderne dans sa perfection* (4).

(4) Deux extraits sont donnés : en p. 61, dans le prochain chapitre, et p. 175 au chapitre VII

Art des belles lettres et de la rhétorique, plagiat éhonté et codifié, ou réel élan de sincérité, quoi qu'il en soit, tous ces textes qui s'affairent à décrire le cheval ibérique avec tant d'adjectifs flatteurs, presque dithyrambiques, prouvent un phénomène de mode évident. Dans les beaux-arts aussi, la tendance est flagrante. Quel roi, quel duc, quel comte de toute l'Europe n'a pas un jour été croqué, ou peint, ou même sculpté sur un magnifique genet blanc ou isabelle assis sur ses postérieurs en pesade, ou marchant au pas espagnol ? Napoléon, lui-même, qui pourtant porta l'estocade mortelle au cheval de la Péninsule, se fit représenter par David au passage du col du Grand-Saint-Bernard dans les Alpes, lors de la Campagne d'Italie de 1800, chevauchant un fougueux ibérique. Ce célèbre tableau exalté, qui fleure bon les prémices du romantisme, exprime néanmoins, au travers d'un propagandisme avéré (le nom de Bonaparte est gravé sur la pierre, au pied de son cheval, à côté de ceux d'Hannibal et de Charlemagne) un néoclassicisme évident emprunt d'un reste de traditions baroques, qui a sans doute contraint le peintre à donner des traits hispanisants à la monture du Consul.
Quelles que furent les convictions équestres du futur Empereur, quelle que fut sa passion pour les chevaux arabes qu'il découvrit en 1795-96 lors de l'Expédition d'Egypte, c'est le tableau

Séance de travail au piquet, rapportée sur cette gravure du livre de Manuel d'Andrade.

Do Cavalleiro, enſinando hum Cavallo a fazer as pouſadas para a direita: e o modo, pelo qual marca o terreno neſta lição.

Daté de l'an IX de la Révolution (1800-1801), ce fameux tableau de Jacques-Louis David (1748-1825) représente « Le Premier Consul franchissant les Alpes au col du Grand Saint-Bernard » lors de la Campagne d'Italie. Malgré son attirance connue pour les pur-sang arabe, le futur Empereur se fait peindre sur un cheval ibérique. *Musée national des Châteaux de Malmaison et de Bois-Préau.*

immensément connu de David qui reste encore gravé dans les esprits, enveloppant Napoléon, telle sa grande cape majestueuse, dans les ultimes rayons du halo universel qui illumina le cheval ibérique pendant des siècles.

Dans son berceau d'origine, le cheval ibérique bénéficie du même engouement, les Grands Ecuyers de la Cour ayant adopté, bien évidemment, la haute école et le travail de manège. Au Portugal, l'ouverture du Haras de Alter Real, à Alter do Chão, en 1748, ainsi que la construction du fastueux Manège Royal de Belém, sous l'impulsion du roi João V (1689/1706-1750), a dynamisé l'art équestre **(5)**. Sur le plan littéraire, la Cour peut tenir aussi brillant salon qu'en France. Elle peut même se vanter de posséder le plus ancien traité d'équitation européen après celui du Grec Xénophon **(6)**, rédigé à la fin du Moyen âge par le roi Dom Duarte (1391/1433-1438), et connu sous le titre *Livre qui enseigne à bien monter sur toutes les selles* **(7)**. Mais s'il est un ouvrage de référence, cent vingt ans après ceux de Galvam de Andrade et Antonio Pereyra Rego **(8)**, c'est sans conteste la *Lumière de l'Art Libéral et Noble de la Cavalerie* de Manoel Carlos de Andrade, écrit à l'extrême fin des beaux jours du XVIIIe siècle et publié en 1790, qui expose le travail du très réputé Dom Pedro de Menezes marquis de Marialva (1713-1799), Grand Écuyer de la reine Dom Maria 1re, appliquant les enseignements de l'École de Versailles.

(5) Lire l'histoire de Alter Real et de l'École Royale chapitreVI, p.176

(6) Considéré comme le premier traité d'équitation, *De l'Équitation* a été écrit par Xénophon vers 370 av. J.-C.

(7) Le *Livro da ensinença de bem cavalgar toda sela* du roi D. Duarte a fait l'objet du livre de Carlos Henriques Pereira : *Étude du premier traité d'équitation*. cf. bibliographie, p.207

(8) Galvam de Andrade a publié en 1 678 *L'Art de la Cavalerie* ; Et Antonio Pereira Rego, en 1679, *L'Instruction de la cavalerie avec l'emploi de la bride.*

Champion des mâles de trois ans au Festival international du pur-sang lusitanien 2004, Urtigao prend la pose entre les arcades à l'ancienne de l'élevage du Dr Pedro Ferraz da Costa.

Mauvais temps en Péninsule

Tandis que Marialva et Andrade connaissent un franc succès à la cour portugaise avec les figures de haute école, en France, les Lumières s'éteignent déjà, les unes après les autres. Dupaty de Clam **(1)** n'écrit-t-il pas, en 1776, dans son œuvre méthodique et rationnelle *La Science et l'Art de l'Équitation*, à propos des sauts d'école (cabriole, croupade, balotade) : « Les Anciens aimaient ce genre de manège : aujourd'hui il est très négligé en France. » L'art de la haute école périmé, le bel Espagnol se voit menacé rapidement, d'autant plus rapidement que la nouvelle tocade anglaise pour son tout récent pur-sang déferle en Europe et s'empare de toute la gentry aristocratique et bourgeoise. Secondé par les trotteurs de course, comme le trotteur Orlov venu de Russie, le pur-sang anglais rafle toutes les voix, déliant de leurs piliers de manège les anciens mordus de haute école pour les enchaîner, sans autre forme de procès, aux pieds ultra chics des hippodromes verdoyants.

Poulinière dans la lumière rasante d'une belle fin de journée.
Élevage Paulo Caetano.

LA MENACE NAPOLÉONIENNE

Quel procès ? Dans une époque révolutionnaire encline aux pires abus, la France trouve réconfort en Bonaparte, qui, malgré une réputation mondiale incontestée pour ses faits d'arme et son génie, ne brille pas pour ses scrupules et sa tolérance ! Épinglés, donc, les chevaux ibériques, au même titre que les émigrés de la noblesse déchue. D'ailleurs, ces genets ne servaient-ils pas les rois et leurs cours ? De toute façon, bien moins rapides et bien moins endurants que les arabes, pourtant si fins, rencontrés en Egypte, ils n'ont plus rien à faire dans les guerres que le petit Consul devenu Empereur livre d'un bout à l'autre de l'Europe. Le temps des belles batailles rangées, courtes et codifiées, presque galantes, est révolu. Il est mort dans le chaos de la Révolution française, entraînant avec lui dans sa chute finale, ses fiers chevaux ibériques aux allures relevées qui impressionnaient tant l'ennemi.
Maintenant, les troupes parcourent des milliers de kilomètres dans le froid et la neige pour affronter des paysans russes obligés, sous la contrainte du tsar, de brûler leurs campagnes plutôt que de prendre les armes. Ou pour se battre dans les maquis des Pyrénées sauvages, contre des guérilleros espagnols fantomatiques, mortellement invisibles. Et quand elles parviennent enfin à franchir les montagnes inhospitalières, elles s'abattent sur Lisbonne pour réquisitionner, en 1807, pas moins de quelque six cents chevaux de Alter Real et du Manège royal – soit tout le cheptel… Bien qu'ibériques, ces chevaux feraient bien l'affaire pour renouveler les effectifs équins d'une armée qui commence à s'essouffler de ses multiples assauts sur de trop nombreux fronts.
Au-delà du simple méfait d'armes, après tout de bonne guerre, le vol des chevaux de Alter dépeint une situation critique. Napoléon a beau l'admirer, le cheval arabe seul n'y suffit pas. La tâche

(1) Ancien Mousquetaire du Roi dans sa toute jeunesse, Dupaty du Clam (1744-1782) intégra l'Académie des Sciences, Belles-Lettres et Arts de Bordeaux fondée par Montesquieu, à vingt-cinq ans !

est rude, tant par la qualité des animaux qu'il faut recruter, que par leur quantité. Sachant que, sur une armée de cinq cent mille hommes, seulement soixante mille traversèrent la Bérézina pour rentrer d'une Russie tristement victorieuse, on préfère fermer les yeux sur les chiffres effroyables qui concernent les chevaux… Il faut donc soutenir, épauler, consolider, renforcer les effectifs. Les chevaux arabes seront croisés avec des chevaux de pays, et particulièrement ceux de l'extrême Sud-Ouest de la France (région du bassin de l'Adour et de Tarbes), dont le cheptel mi-lourd, donc porteur, s'avère très propice au croisement avec des chevaux dans le sang. Quinze ans après la chute du Corse, ces valeureux chevaux de remonte des confins pyrénéens donnent naissance au fameux anglo-arabe reconnu par les Haras nationaux français en 1830.

comme unique sortie de secours, qu'à accepter les métissages les plus farfelus, les plus redoutables. Ici, on le croise avec du sang arabe pour le rendre plus endurant et plus agile. Là, on le mélange, sans pudeur, avec les poneys rustiques des montagnes du Nord (au Portugal, il s'agit du garrano, et en Espagne, du jaca et du pottok). Plus loin, on lui donne, subrepticement, un peu de sang lourd importé de Normandie, pour qu'il puisse se rendre utile aux artilleurs qui ont besoin de tirer les canons au poids indécent.

L'ENGOUEMENT DU XIXE POUR DES CROISEMENTS PRATIQUES OU FARFELUS

De toute façon, la mode des croisements n'est pas nouvelle. Elle remonte aux temps immémoriaux, depuis l'instant où l'homme a compris qu'il avait besoin du cheval pour mieux vivre. Cheval de viande, il le faut lourd et dodu. Cheval de trait, il le faut puissant et résistant. Cheval de guerre, il le faut agile et courageux… Quant au sang qui coule dans ses veines, qu'importe, s'il se montre apte avant tout. D'ailleurs, un siècle plus tôt, La Guérinière dénonçait déjà ce système des plus pragmatiques : « (...) C'est au haras d'Andalousie que sortent les meilleurs chevaux "d'Espagne". La race en avait été abâtardie dans les derniers temps, par l'avarice de ceux qui les gouvernaient, et qui préféraient les Mulets aux Chevaux, parce qu'ils en tiraient plus de profit ; mais depuis quelques années, on a remédié à cet abus. » Malheureusement l'abus ne fut pas provisoire… Il reprit de plus bel tout au long du XIXe siècle, le tournant du XXe siècle manquant de sonner à jamais le glas des chevaux ibériques.

LE XIXE SIÈCLE À LA GLOIRE DES PUR-SANG ARABE ET ANGLAIS

Ainsi, après le pur-sang anglais désormais grand favori, l'anglo-arabe finit d'enterrer en Europe le cheval ibérique. Même chez lui, dans la Péninsule, il n'est plus en sécurité. Devenu inutile sauf pour aller au taureau ou pour aller parader **(2)**, il n'a plus,

(2) cf. chapitre IV sur la tauromachie p. 116

L'étalon Lugre et son fils T-Xaveco de l'élevage Sommer d'Andrade.

L'étalon Lugre et son fils T-Xaveco de l'élevage Sommer d'Andrade.

Girouette symbolique élevée sur la chapelle du Haras de Alter.

La renaissance Lusitanienne

Gravés à vie dans tous les esprits amoureux du cheval ibérique, deux noms scandent l'histoire du lusitanien tout au long du XXe siècle : Ruy d'Andrade et Manuel Veiga. Personnages hors du commun, aux parcours exceptionnels, ils ont sauvé d'un naufrage annoncé le cheval ibérique, qui, déjà, se débattait dans des eaux sombres depuis quelques décennies.

RUY D'ANDRADE ET LA PASSION DE LA GÉNÉALOGIE

Fils d'Alfred d'Andrade, architecte et peintre portugais installé en Toscane, Ruy d'Andrade est né à Genova en Italie en 1880. Emprunt du même esprit artistique que son père, il se décide pourtant à des études d'agronomie qu'il suivit à Pise, et obtient son titre de Docteur en sciences agronomiques.
Cavalier de grande taille (1,80 m), il ne peut se satisfaire des frêles pur-sang arabe qu'il élève à Fontalva, la propriété d'Alentejo située près du village de Barbacena héritée de son père qui l'avait fait bâtir telle une somptueuse demeure toscane. Aussi, il se met en quête, tant au Portugal qu'en Andalousie, de chevaux forts, grands et porteurs. Il trouve, près de Jerez de la Frontera, des mulets toisant plus d'1,60 m et en conclut qu'il doit se trouver, dans la région, des juments de grande taille. Il finit par les trouver, et en achète à trois éleveurs différents. Voilà comment, d'une anecdote somme toute banale, presque insignifiante, s'écrit l'histoire. Zootechnicien brillant, féru de génétique, Ruy d'Andrade se passionne très vite pour le cheval espagnol – et pour le taureau de combat, au point qu'il décide de sauver le type ancien, avant qu'il ne soit trop entaché de croisements néfastes. Pour ce faire, il s'attaque à un travail de titan, ou plus exactement de fourmis, visant à retracer la généalogie de toutes les lignées ibériques depuis 1793 – ainsi que celles des taureaux de combat depuis qu'ils sont strictement sélectionnés, soit depuis le milieu du XIXe siècle. Parallèlement à ce travail de scribe, il met en application ses idées, et développe un élevage, cherchant à retrouver les caractéristiques fondamentales de fonctionnalité du cheval espagnol **(1)**. Plus tard, à partir de quelques juments d'origine Alter qu'il trouve au gré de ses recherches, et de la statue du roi Dom José **(2)**, il s'occupe à recréer le cheptel de la Coudelaria de Alter, l'ancien Haras royal, que les années d'un pouvoir chaotique, entre 1910 et 1932, ont définitivement anéanti.
Décédé en 1967, à l'âge de 87 ans, Ruy d'Andrade n'a pas eu à se soucier de la pérennité de ses recherches. Son fils Fernando Sommer d'Andrade, lui aussi diplômé en agronomie, avait déjà repris le flambeau. Véritable homme de cheval, généticien aussi génial que son père, et grand artiste comme son grand-père, Fernando Sommer d'Andrade a contribué largement, jusqu'à sa mort en 1991, à forer dans le sol les bases profondes de l'embellie que le lusitanien connaît aujourd'hui. Poursuivant le recensement des individus tant espagnols que portugais que son père avait entamé, il a passé le relais à son fils José Luís Sommer d'Andrade, qui bénéficie désormais de l'informatisation

(1) cf. chapitre III, p. 73
(2) cf. chapitre VII, p. 176

En plein Alentejo, une jolie touche toscane : la propriété de Fontalva, à Barbacena, héberge la famille d'Andrade depuis le XIXe siècle.

des stud-books et des déclarations obligatoires de naissance. La tâche n'en reste pas moins ardue puisqu'il naît en moyenne huit mille poulains P.R.E. par an, et quelque huit cents poulains lusitaniens ! Aussi, aujourd'hui, la famille détient une véritable mine d'or qui renferme plus de deux siècles de généalogie du cheval ibérique, et plus d'un siècle et demi de lignages taurins. Un trésor inestimable, qui, espérons-le, continuera à s'enrichir au fil des générations d'Andrade.

MANUEL TAVARES VEIGA À L'ORIGINE DU PUR-SANG LUSITANIEN

Arrière-petit neveu de Rafael José da Cunha **(3)**, dit Prince des Laboureurs, Manuel Tavares Veiga (1863-1950) hérite en 1917, des mains de son père la fameuse Quinta da Broa que son grand aïeul avait fondée un siècle plus tôt, en 1817. Décidé à reprendre l'activité agricole de ses ancêtres sur les terres d'Azinhaga **(4)**, il a suivi, dans sa jeunesse, un cursus d'ingénieur agronome. Raffiné et cultivé, affichant un esprit des plus alertes, il affirme très vite se vouloir « l'initiateur d'un nouveau cycle du coursier ("ginete") lusita-nien au Portugal » **(5)**. Sélectionnant avec rigueur et minutie des chevaux dont les caractéristiques physiques et le comportement semblent correspondre le mieux aux critères exigés pour les chevaux de combat, il procède à de multiples croisements consanguins, qui lui permettent d'affiner ses lignages et de mettre en exergue assez rapidement les qualités sélectionnées. En l'espace de quelques générations, il parvient à homogénéiser son cheptel, et surtout, à fixer dans les gènes de ses juments, un patrimoine génétique stable, semblable à celui des coursiers guerriers de l'ancien temps. Un siècle après son entreprise, Manuel Tavares Veiga reste, avec Ruy d'Andrade, l'éleveur le plus célèbre et le plus célébré du monde lusitanien. Et ses descendants, fervents défenseurs de son patrimoine, peuvent

(3) À la tête de nombreux domaines agricoles, Rafael José da Cunha élevait des chevaux légers et polyvalents, utiles pour l'attelage et pour les travaux des champs. Il reçut en cadeaux royaux, deux chevaux d'Alter, l'un en 1852, du roi Ferdinand II, l'autre, en octobre 1861, des mains du roi Pedro V, alors en visite sur ses terres.

(4) La Quinta da Broa est située à Azinhaga, petit hameau à quelques kilomètres de Golegã.

(5) Propos rapportés dans le livre Cavalos Veiga d'Alberto Tavares Barreto (cf. bibliographie p.207), d'après Alfredo Batista Coelho in As Linhagens da Raça Lusitana, Lisbonne, mars 1993.

Cousin germain des chevaux Veiga, Suberano, étalon du fer Coimbra, présente une morphologie typique des lignées Veiga.

Détail de la statue du Roi Dom José 1er et son cheval de Alter, Gentil, datant de 1775, qui servit comme modèle à Ruy d'Andrade pour ses « travaux de restauration » du cheval lusitanien.

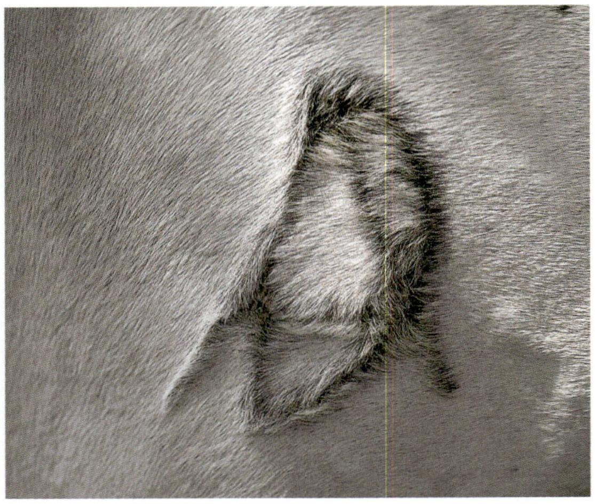

Un D et un A entremêlés, soit le célèbre fer de l'élevage fondé par Ruy d'Andrade au début du XXe siècle.

L'étalon Lugre et son fils T-Xaveco de l'élevage Sommer d'Andrade.

légitimement s'enorgueillir du travail de leur illustre aïeul qui a relevé son pari fou, bien au-delà de ses espérances. Car non content d'avoir réussi la recréation la race lusitanienne, Manuel Tavares Veiga a fondé une lignée d'exception qui semble inaltérable. Réputés pour leur finesse, leur réactivité et leur générosité, les chevaux Veiga représentent plus qu'un simple courant de sang dans l'histoire du lusitanien. Ils sont tout simplement à l'origine de toutes les lignées actuelles **(1)**.

UN XXE SIÈCLE MOUVEMENTÉ

Les travaux géniaux de Ruy d'Andrade et Manuel Veiga se parent d'un prestige encore plus admirable quand on connaît le contexte économico-politique portugais du XXe siècle. Renversée le 5 octobre 1910 après l'assassinat du roi Dom Carlos, la monarchie cède la place d'abord à une jeune république très instable (cinquante gouvernements en seize ans !), puis, en 1926, à un pouvoir militaire fort ; l'un et l'autre des régimes se souciant bien peu, on l'imagine aisément, de la recréation et de la préservation du cheval lusitanien. Appelé au pouvoir par les militaires peu satisfaits du gouvernement du Général Gomes da Costa, Antonio de Oliveira Salazar s'installe à la tête du pays de 1932 à 1968. Bien plus intéressé que ses prédécesseurs par le sujet équestre, il offre une parenthèse, un répit, aux éleveurs. Ainsi, il accepte, dès son arrivée au pouvoir, de relancer l'élevage de chevaux de Alter à la Coudelaria de Alter et c'est à l'extrême fin de son « règne », en 1966-67, que le studbook du pur-sang lusitanien est créé. Les guerres coloniales, la maladie puis sa mort en 1970 réouvrent pour plus de dix ans les plaies d'une période capricieuse, avec, pour point d'orgue, la fameuse Révolution des Œillets, le 25 avril 1974. Le régime communiste qui s'en suit harcèle les éleveurs nantis et les propriétaires terriens, obligés, pour éviter que leurs chevaux ne soient réquisitionnés ou massacrés, de les vendre le plus vite possible en Espagne, et même aux Canaries, recueillis par là-bas par le maître Luís Valença Rodrigues (6). C'est seulement dans les années 1980 que le Portugal acquiert une sérénité politique dont il semble ne plus vouloir se défaire !

BON PIED BON ŒIL POUR LE TROISIÈME MILLÉNAIRE !

C'est dans cet environnement peu salutaire que le cheval lusitanien parvient pourtant à tirer son épingle du jeu. Ne dit-on pas que les climats les plus hostiles sont aussi les plus propices à l'art et au génie ? Car c'est au cours de ce XXe siècle tortueux, complexe, difficile, que les éleveurs ont compris l'intérêt de se recentrer sur une race pure, ancienne et valeureuse, quitte, même, à oser la profaner en tentant de l'améliorer. Emboîtant le pas d'un Andrade et d'un Veiga avant-gardistes, ils ont tous décidé de produire peu, mais produire bien. Et si les résultats se sont fait longtemps attendre, jusqu'au début des années 1980, voire 1990, c'est parce que la génétique est une affaire de patience et de temps. Aujourd'hui, alors que le stud-book est à la veille de fêter ses quarante ans, la race ne s'est jamais portée aussi bien.

(6) cf. ch. VII, p.195

Junco II, étalon reproducteur chez Manuel Tavares Veiga, présente un profil busqué très caractéristique du courant de sang Veiga.

Dans la cour de la Quinta da Broa de la famille Veiga, un campino présente, en costume traditionnel, une jument et son poulain.

Le Sorraia aux origines du cheval lusitanien ?

Le cheval lusitanien – et espagnol, descend-il du Sorraia ? Le Sorraia actuel est-il la réminiscence du cheval préhistorique qui vivait au Sud du Portugal à la fin du Paléolithique, pendant la Grande Glaciation, et que les grottes et leurs peintures rupestres nous ont livré intact ?
Certains passionnés s'emballent et répondent d'un oui définitif avec une assurance qu'ils voudraient légitime. D'autres, bien plus sceptiques, préfèrent se cacher derrière un non dubitatif. Quant à la classe scientifique, elle ne peut offrir que des petits bouts d'éléments de réponse qui, rattachés les uns aux autres, tendraient peut-être à satisfaire un jour les amoureux du lusitanien !

DANS SON SANG COULE UNE RIVIÈRE

Petit cheval isabelle ou souris, le Sorraia porte le nom composé de deux rivières, la Sor et la Raia, en souvenir de son berceau d'origine, cette vaste plaine du Nord d'Alentejo bordée des deux petits affluents. Plus loin, à quelques kilomètres en amont de Coruche, la Sor et la Raia fusionnent pour former le Sorraia, dont la course s'achève dans le géant estuaire du Tage. Comme tous les chevaux primitifs, et comme les ânes et les zèbres, dont les types très anciens (remontant à l'époque de l'*Equus*) semblent prendre beaucoup de temps à évoluer, le Sorraia porte les stigmates de son grand âge. Du haut de sa petite taille (moins d'1,45 m), il arbore une jolie robe ancienne de l'une ou l'autre couleur rare et chatoyante, qu'ornementent une raie de mulet le long de la colonne vertébrale et des zébrures le long des membres. Aussi jolie soit-elle, cette tenue a des faux airs de camouflage guerrier : menacé par des prédateurs redoutables aux heures les plus lointaines de son histoire, le Sorraia a sans doute trouvé parade en optant pour une robe isabelle, à la couleur des hautes herbes sèches ou pour une robe souris qui se confond avec les blocs de pierre éparpillés dans tout l'Alentejo… Quant à sa crinière, courte et drue, mélange de noir et de crème ou de gris pâle, elle vient habiller l'ensemble, qu'un dos très droit et court et une encolure très courte et droite pourraient rendre, à nos yeux contemporains, presque inesthétique ou du moins surprenant… En clair, le Sorraia pourrait faire penser au Tarpan ou au Przewalski si l'on ne lui prête pas un coup d'œil attentif. Alors seulement, l'on remarque son profil différent, moins épais ; sa tête un peu convexe ; sa croupe et son épaule plus développées pour mieux s'articuler ; ses jambes plus fines. Et inexorablement, les pensées divaguent pour se concentrer, plus tard, plus loin, sur le cheval lusitanien, dont certaines lignées parmi les plus anciennes affichent aussi des robes isabelle un peu dorées, comme celles du Sorraia, et parfois même ornées de cette fameuse raie de mulet. Certaines poussent le vice jusqu'à indiquer des restes de zébrures…

Profitant des vastes pâtures du domaine de Fontalva à quelques kilomètres de la frontière espagnole, le troupeau de poulinières et poulains Sorraia de José Luís Sommer d'Andrade descend en ligne droite de celui que Ruy d'Andrade avait reconstitué dans la première moitié du XXe siècle.

Quant à la morphologie du Sorraia, tout compte fait, elle s'apparente bien plus au lusitanien moderne qu'au vieux Tarpan et qu'au Przewalski préhistorique recréé de toutes pièces au XXe siècle pour les besoins de la recherche !

Vue déformée et erronée d'esprits qui cherchent coûte que coûte à prouver les filiations entre le lusitanien et le Sorraia ? Réalité vivante qui s'affiche trop clairement devant les yeux pour qu'on ose y croire, de peur de se faire berner par un mirage dangereux ? Quelle que soit l'issue de ce duel mental passionnel, il est une vérité : le Sorraia a traversé les milliers d'années, les centaines de milliers d'années, parvenant sans trop d'embarras jusqu'au XIXe siècle, qui, décidément fatidique, a failli lui coûter la vie. Par chance, il a croisé en 1920 le destin de l'incontournable Ruy d'Andrade, qui, convaincu de l'importance de cette souche, a décidé de la sauver (1).
Ayant découvert près de Coruche (Ribatejo) un troupeau d'une trentaine d'animaux dont beaucoup portent cette robe ancienne si caractéristique, Ruy d'Andrade entreprend de longues recherches sur l'origine du Sorraia tant et si bien que lorsqu'il veut acquérir le troupeau, celui-ci a été entièrement disséminé. Des investigations minutieuses chez bon nombre d'éleveurs de la région de Coruche le poussent néanmoins à acheter sept juments qui lui semblent les plus représentatives. À force d'observations, d'études et de calculs, il se décide alors au choix des étalons et prend le parti de n'utiliser qu'un seul

De type ancien, voire préhistorique, le Sorraia, avec sa robe isabelle ou souris et sa raie de mulet, pourrait s'apparenter un peu au cheval de Przewalski ou bien au Tarpan, et même à l'actuel poney fjord. À y regarder de plus près, il arbore une morphologie qui, bien qu'ancienne et de petite taille (1,40 à 1,45 m), rappelle inexorablement le lusitanien.

étalon par an, à chaque fois différent. Le premier sera donc de la maison de Cunhal, le second de João Lopes, etc...
Quatre-vingts ans après, la race est totalement recréée et les souches primitives, assurément sauvées de disparition : le Sorraia compte aujourd'hui quelque cent cinquante sujets dans le monde (dont quatre-vingts poulinières et une dizaine d'étalons reproducteurs), qui affichent en moyenne un taux de consanguinité de 60 % ! Pourtant, pour lutter contre elle, les héritiers du grand Andrade ont continué sur les traces de leur aïeul, s'obligeant à une politique drastique de renouvellement des filiations. Isolant les poulinières par petits groupes de quatre ou cinq, ils répartissent les étalons dans chacun des lots au fil des saisons, suivant un sens calculé, rationnel et organisé, de façon à limiter cette consanguinité de toute façon inéluctable.

UN SANG D'UNE PURETÉ LÉGENDAIRE

Mais l'absence totale de tares, monstruosités physiques, folies, et autres défauts exacerbés, ennemis pourtant redoutés de l'inbreeding à outrance, est tellement surprenante qu'elle suscite l'intérêt des généticiens de tous les horizons et de tous les continents, qui viennent plancher sur le phénomène. Serait-on, enfin, parvenu à retrouver (par une recréation humaine plus ou moins artificielle), une des lignes génétiques les plus anciennes et pures qui soient, pour qu'aucune tare ne parvienne à la vicier ? À l'inverse, le Sorraia aurait-il lui-même procédé à sa propre sélection, au fil des millénaires, pour survivre aux aléas d'une histoire multimillionnaire, le menant ainsi à une pureté quasi absolue, au point que la consanguinité n'ait pas d'emprise sur lui ? Et même s'il a été démontré que le génome du Sorraia n'a pas changé depuis six cents ans, le débat fait rage au sein de la communauté scientifique. Pour encore quelques années, qui nous laissent le temps d'apprécier le Sorraia tel qu'il est aujourd'hui.
Élève principalement (2) à la Herdade de Fontalva, aux couleurs toscanes, par José Luís Sommer d'Andrade, petit-fils de Ruy d'Andrade, et fils de Fernando Sommer d'Andrade, il grandit auprès des troupeaux lusitaniens, et semble ne pas s'en porter plus mal. Ainsi, les seize poulinières Sorraia partagent les mêmes espaces que la vingtaine de mères lusitaniennes, et les douze pouliches Sorraia badinent et galopent avec leurs sœurs d'herbage lusitaniennes. Quant aux mâles, seuls trois jeunes de trois ans rescapés d'un marché mordu très demandeur, tiennent compagnie aux trois autres mâles lusitaniens de leur âge, tandis que les sept étalons reproducteurs, eux, attendent sagement leur tour pour aller aux juments. Sa petite taille (1,43 m

ou 1,44 m en moyenne, 1,50 au maximum) et sa robe dorée lui permettent de se faire repérer en un instant parmi un troupeau de lusitaniens. Grassouillet plus que nécessaire, il semble profiter plus encore que le lusitanien, de cette ère de paix providentielle que Ruy d'Andrade et ses descendants lui ont offerte généreusement.

Autre éleveur essentiel, la Coudelaria nacional de Fonte Boa (3), forte de son rôle d'étalonnier national, a accepté de prendre en dépôt des étalons Sorraia. À la tête d'une jumenterie importante, le Haras de l'État portugais recense même quelques juments Sorraia. Ainsi peut-on dénombrer quatre à cinq poulains Sorraia parmi les quatre-vingt-dix poulains nationaux et d'Alter, élevés par Lucilio sur leur île magique d'Azambuja (4). Quant au stud-book, il a été confié à l'Association équestre d'Alpiarça, non loin de Coruche, qui, soutenue activement par la Mairie d'Alpiarça, s'est investie dans un vaste projet de préservation de ce patrimoine unique en ouvrant, sur les terres communales, la Réserve du cheval Sorraia.

Démontrant une docilité étonnante pour un cheval primitif et une grande aptitude à la selle (ce qui lui donne deux raisons supplémentaires pour légitimer sa filiation avec le lusitanien), le Sorraia s'avère un excellent cheval d'extérieur. Ayant séduit déjà non nombre d'Allemands qui en font grande consommation pour la balade et la randonnée, le

Sorraia se paie aussi le luxe de l'extravagance américaine : il déferle aux États-Unis pour grossir les flots de la vague bien pensante, emprunte d'un brin de snobisme, qui gagne les cœurs puritains et les âmes dans le vent.

Au Portugal, il est plus sobrement utilisé, pour aller travailler aux champs…

(1) Il est possible de lire l'article rédigé par Ruy d'Andrade en 1945 sur le Sorraia pour le Boletim Pecuario XIII, dans le livre d'Arsénio Raposo Cordeiro, Lusitano Horse, Son of the Wind. cf. bibliographie p.207

(2) Les frères de José Luís Sommer d'Andrade, héritiers d'autres propriétés familiales dont la fameuse Quinta da Boavista dans le Ribatejo, continuent également à élever des Sorraia, mais en moindre nombre.

(3) La Coudelaria nacional est le Haras national portugais, situé dans un quartier de Santarém, à 120 km environ de Lisbonne, et capitale du Ribatejo.

(4) Le Potril d'Azambuja recueille tous les poulains de la Coudelaria nacional et de la Coudelaria de Alter de l'État portugais. cf. chapitre III, p. 83.

Après des siècles de vie sauvage, le Sorraia s'est très bien accommodé de sa sédentarisation, et profite pleinement de sa domestication !

Champion des deux ans
en 2003, Ultimato à l'œil
vairon laisse libre cours à
sa bonne humeur, dans la
carrière de la Sociedade
das Silveiras.

UNE RACE
BIEN GARDÉE

Luís Valença Rodrigues.

Entre tradition et modernisme ; entre immobilisme et évolution

Baroque de corps et d'esprit, le cheval lusitanien se trouve aujourd'hui confronté à la réalité d'un présent sportif qui partage bien peu de choses avec ses anciennes heures fastueuses vouées à la haute école, un présent obnubilé par le sport, régi par ses seules règles, où les Jeux Olympiques remportent de loin la médaille d'or du plus grand spectacle du monde.
Face à cette situation, il n'a pour seul salut que d'accepter d'évoluer, s'adaptant, pour survivre, aux exigences du monde moderne. Mais n'est-ce pas là le sort de toute espèce ? Une race aussi ancienne soit-elle, aussi précisément connue et appréciée soit-elle, peut-elle accepter, au nom du respect d'un passé bel et bien révolu, de s'enliser dans une immuabilité, un immobilisme suicidaire à plus ou moins long terme ? Peut-on décider pour elle, à ce titre, d'une morphologie définitive et non évolutive, même si celle-ci porte en elle des défauts évidents et même nuisibles, sous prétexte qu'elle s'apparente à celle que nous ont transmise les représentations picturales et sculpturales des siècles précédents ? Par exemple, doit-on interdire ou bien accepter qu'une race prenne de la taille, quand l'homme, lui, grandit de génération en génération ?
Les races les plus concernées par cette réflexion sont sans conteste les plus anciennes comme le barbe, l'arabe et les chevaux ibériques, tant espagnols que lusitaniens. Mais sans doute ce dernier se sent-il le plus tiraillé de tous.
Déchiré entre permanence et évolution, conservatisme et modernisme, le cheval lusitanien joue là son match le plus difficile, où seul un compromis modéré et réfléchi lui permettra d'en sortir gagnant.

DU CARACTÈRE

Telle une bonne vielle recette de famille, ce compromis résulte de l'alliance plus ou moins réussie des trois traits fondamentaux qui composent le cheval lusitanien, à savoir sa morphologie, sa fonctionnalité et son caractère. Si les deux premiers critères suscitent quelques conflits de cœur et d'intérêt, il est un point sur lequel tout le monde de l'élevage lusitanien s'accorde, c'est bien

Pour perpétuer les équitations de tradition portugaise, les chevaux lusitaniens de type baroque remportent les suffrages. Bento Castelhano en équitation de travail.

Le lusitanien sait se montrer gai et enjoué. Ici, Maria Moura Caetano se fait un peu malmener par son Rei, jeune et joueur.

son caractère, qui, lui, ne semble mériter aucune remise en cause. Sélectionné depuis des siècles pour ses qualités guerrières ou taurines, le cheval lusitanien affiche un mental exceptionnel qui fait en grande part, la fierté et le succès de ses éleveurs. Volontaire, courageux et téméraire, il n'en reste pas moins attentif et soumis à son cavalier. Calme au repos mais vif en action, proche de l'homme et souvent bon élève, il aime se montrer chaud et même trop réactif, pour surprendre gentiment les amateurs les moins avertis. Lesquels finissent vite par percer son jeu, découvrant sous ses allures de caïd ronflant et bouillonnant, un cheval noble et fier, de grande sensibilité et doué d'une extrême finesse.

DE LA MORPHOLOGIE ET DE LA FONCTIONNALITÉ

Bien moins consensuel, le débat qui anime sans fin les réunions et discussions d'éleveurs semble avoir du mal à trouver une issue prochaine, tant il est complexe.
Faut-il privilégier la morphologie aux dépens de la fonctionnalité ? Au contraire, doit-on donner la préférence au mouvement, au déplacement ou plutôt qu'au physique ? Comment concilier les deux sans trop bouleverser les de la race ? Comment concilier les deux en maintenant l'existence d'une seule et même race ?
Malgré quelques pierres d'achoppement, tous les esprits de bon sens se rejoignent autour d'évidences communes.

Sabre, Coudelaria Santa Margarida, à l'écoute de son cavalier. Le lusitanien est, en général, très appliqué dans son travail.

Maniabilité, élasticité et réactivité, trois atouts essentiels pour la tauromachie. Ici, Paulo Caetano et Espectaculo à l'entraînement.

Majestueuse T-Mina, de l'élevage français Sylvain Massa.

Ainsi, la question de la fonctionnalité, qui paraît très contemporaine tant elle est actuellement à la mode pour satisfaire la vogue du dressage de compétition, se perd dans la nuit des temps. Elle a, en fait, toujours préoccupé les cavaliers, dans la mesure où pour aller à la guerre ou pour entrer dans l'arène, il fallait avoir pour monture un cheval réactif et dynamique, doué d'un galop rapide, élastique et souple, et doté d'allures lentes et rassemblées tel le pas espagnol ample et bien diagonalisé, pour impressionner l'ennemi, qu'il soit soldat ou taureau. Autres temps, autres mœurs. Aujourd'hui, le dressage, germanisé à outrance, s'est lancé dans la quête absolue du trot parfait, tellement parfait qu'il en devient entièrement fabriqué, à partir d'un passage de haute école, qui, rappelons-le, émane avant tout des chevaux d'Ibérie !

Quant à la morphologie, une question demeure en suspens, décidément sans réponse. Quel visage doit arborer le cheval lusitanien pour retracer au mieux son passé riche et varié ? Les uns le préféreront petit et rond, presque épais tant son encolure est bombée, grasse et musculeuse, et son corps harmonieux, comme l'aimaient à l'époque les grands écuyers de manège ; les autres le choisiront plutôt fin, et élancé, svelte et élégant, à la manière des coursiers de guerre. Dans les deux cas, une certitude reste acquise : il lui faut gagner de la force dans son dos et dans ses membres.

LE LIBRE ARBITRE

Résumant à merveille la complexité d'une situation qui, tour à tour, sépare puis fédère les amoureux du lusitanien, Paulo Caetano donne, dans son livre autobiographique, cette définition admirable :

« Le cheval lusitanien est une production artistique, le fruit de la sensibilité de ceux qui l'ont imaginé et créé, de ceux qui n'ont eu de cesse de transformer leur rêve du cheval parfait en une réalité. »

De cheval de rêve en réalité… Quel éleveur n'a pas souhaité ardemment, un jour, faire naître la perfection absolue, sa perfection absolue ?

Urtigão, élevage Ferraz da Costa, et son présentateur Nuno Avelar.

Le dressage de compétition s'intéresse à la rectitude, l'équilibre et la mise en avant. Ici, Picanço, fer Sousa Cardoso, et son cavalier espagnol, Sergio Martin.

La perfection sans aucun doute incarnée dans cette sublime nacrée de la Sociedade das Silveiras, Ximena.

Stud-book : mode d'emploi

Encadrée depuis 1967 par son stud-book officiel, la race lusitanienne s'est vue d'abord gérée par l'Association portugaise des éleveurs de races sélectes (A.P.C.R.S. (1)), association de taille encore en vie, qui regroupe et contrôle toutes les races équines et bovines reconnues par le Ministère de l'Agriculture (2).

LE RÔLE D'ENCADREMENT DE L'A.P.S.L.

Conscientes de la toute nouvelle embellie du lusitanien dans le monde, conscientes aussi du danger à le laisser affronter seul et sans garde-fous, l'aire du sport-roi, quelques très grandes personnalités telles Guilherme Borba, Fernando Sommer d'Andrade, Fernando Palha, José Manuel de Mello, Arsénio Raposo Cordeiro… ont décidé, en 1989, de créer l'A.P.S.L. (3) ou l'Association portugaise des éleveurs du cheval de pur-sang lusitanien. Un an plus tard, après un divorce à l'amiable entre la race lusitanienne et les autres races dites sélectes, l'A.P.S.L. reprenait officiellement le flambeau jusque-là tenu par l'A.P.C.R.S, investie de la délicate mission de gérer au plus juste les intérêts du pur-sang lusitanien, et le devenir de son cheptel envolé dans la tourmente équestre mondiale de la fin du XXe siècle. Comme toute association de race à l'exception de certaines, dans le sport, prêtes à toutes les compromissions au nom des seuls résultats en compétition (4), elle se doit aussi d'ériger des barrières solides autour du lusitanien, des barrières qui l'encadrent, sans pour autant l'emmurer dans un immobilisme dangereux. À elle, donc, d'édicter les lois d'une politique fine, construite et élaborée, qui permettra à la race de trouver son chemin entre une histoire forte, omniprésente, et un présent contradictoire ; et qui permettra aux éleveurs d'atteindre sinon la perfection du moins le juste milieu entre un ancien lusitanien trop baroque pour l'époque moderne, et un lusitanien moderne devenu trop sportif pour respecter son passé.
En une douzaine d'années d'activité, l'A.P.S.L. a su se prendre au jeu, prouvant non sans un succès certain qu'elle était capable d'améliorer nettement la race. S'appuyant sur la règle d'or « des trois P » : pedigree, performance, progéniture, selon l'expression du Dr João Costa-Ferreira, l'A.P.S.L. a pris la décision de dynamiser la race lusitanienne, en tentant d'uniformiser la qualité de sa production, sans pour autant vouloir homogénéiser les différents cheptels. Car, d'après elle, chacun doit être libre, selon ses goûts et ses rêves, de pouvoir élever des lusitaniens de type baroque ou des lusitaniens de sport, dans la mesure

(1) A.P.C.R.S. = Associação portuguesa de criadores de raças selectas.
(2) L'A.P.C.R.S. gère notamment les stud-books des chevaux cruzados.
(3) A.P.S.L. = Associação portuguesa de criadores do cavalo puro sangue lusitano
(4) Beaucoup de races, créées récemment pour le sport, résultent de nombreux mélanges de sang et continuent à autoriser bons nombres d'apports en sang extérieur, toujours dans le but d'augmenter la qualité sportive de leurs cheptels.

où il respecte les trois critères fondamentaux qui définissent la race, à savoir la morphologie, la fonctionnalité et le caractère. Dans cette optique clairement affichée d'amélioration de la race, l'A.P.S.L. revoit, corrige et précise ses textes et ses règlements d'année en année, polissant ainsi les rouages déjà bien rodés d'une machine de plus en plus efficace. Affinant le mode de sélection de ses reproducteurs, elle n'hésite pas à prendre partie, imposant la fonctionnalité comme l'une de ses préoccupations principales, dans la mesure où les bases morphologiques, héritées d'un passé chéri et estimé, sont déjà fortement respectées.

UNE POLITIQUE D'ENCADREMENT DES ÉLEVEURS

À la tête de l'A.P.S.L. depuis 1998, le Dr Pedro Ferraz da Costa définit la volonté actuelle de l'Association. « Plus que d'imposer des mesures trop strictes qui pourraient être mal perçues par les éleveurs, nous souhaitons que les décisions que nous adoptons au sein de l'A.P.S.L. mènent la plus grande majorité des éleveurs à une réflexion logique et suivie sur la manière de sélectionner leurs reproducteurs, tant mâles que femelles. » Ainsi, les notations données lors des approbations des étalons ou des juments au Livre des adultes se veulent-elles surtout éducatives plus que restrictives, punitives. Dans cette optique, le plancher minimal a été revu de dix points à la baisse, puisqu'il

Jorge Sousa et Quazar, de la Coudelaria Santa Margarida, au modèle baroque affirmé.

Championne des championnes 2003, Orquidea (fer Quinta da Lagoa) vole vers son titre, traînant dans sa course, son présentateur João Oliveira.

Tarik, fer Raposo Cordeiro, et sa cavalière Jeannette Jenny, dans les sous-bois de la Companhia das Lezirias.

Le Dr Pedro Ferraz da Costa

LES PRÉSIDENTS DE **L'A.P.S.L.**

En quelque quatorze ans, trois présidents de renom se sont succédés à la tête de l'A.P.S.L., épaulés dans leur tâche, depuis 1992, de João Ralão Duarte, secrétaire général.
Passionné à l'extrême par l'histoire du cheval ibérique, convaincu de sa primauté et de son ancienneté sur presque toutes les races, fin connaisseur des lignages et des généalogies lusitaniennes, Arsénio Raposo Cordeiro était le parfait ambassadeur pour poser et imposer l'A.P.S.L. au cœur de l'élevage lusitanien. Éleveur de renom depuis une quarantaine d'années, il affiche un palmarès édifiant, de sept Trophées consécutifs du meilleur éleveur, reçus lors des Festivals internationaux du pur-sang lusitanien, prouvant ainsi qu'on peut allier beauté, esthétisme et fonctionnalité.
Lui succédant, José Manuel de Mello propose d'orienter davantage le lusitanien vers une carrière sportive de haut niveau. Ses chevaux, vainqueurs de la Coupe du Monde d'attelage à quatre en 1996, n'ont-ils pas prouvé avec pertinence que le cheval lusitanien n'est pas seulement compatible avec haute école, mais bien aussi avec les plus grands podiums sportifs ? Puissant industriel rompu aux lois du marché, José Manuel de Mello ne conçoit pas l'équitation sans cet esprit d'émulation, de compétition qui fait avancer le débat. Comprenant avant beaucoup d'autres la nécessité vitale d'adapter l'élevage lusitanien à un marché moderne tourné vers les médailles olympiques ou même européennes, il bouscule les esprits, poussant certains dans des retranchements opposés. Précurseur indéniable, pourfendeur d'un ordre établi menacé par le sommeil, il a fortement insufflé la politique actuelle de l'A.P.S.L. qui accorde aujourd'hui autant d'importance (et peut-être même plus) à la fonctionnalité qu'au modèle.
Parti en 1998, José Manuel de Mello cède la place à son vice-président le Dr Pedro Ferraz da Costa qui, depuis, continue dans la voix de la modernité, avec une certaine modération qui lui permet aussi de préserver le patrimoine historique. Éleveur depuis 1982, le Dr Pedro Ferraz da Costa s'emploie surtout à vouloir "éduquer" les éleveurs pour les guider sans les contraindre, à des choix judicieux, qui permettent l'amélioration de la race sans la bouleverser dans ses fondements.

suffit désormais qu'un cheval obtienne un total de 62 points sur 100 pour être approuvé, contre 72 auparavant. « Cette note peu éliminatoire a plusieurs atouts. » reprend le président de l'A.P.S.L. « En premier lieu, elle permet aux juges d'évaluer les chevaux avec plus de liberté, et moins de pression. Ils n'ont plus à se sentir gêner d'attribuer des notes comprises entre 68 et 72, qui, quoique correctes, étaient autrefois éliminatoires. Mais il s'agit surtout de faire prendre conscience aux éleveurs qu'ils sont responsables de leurs choix d'élevage. Ainsi, ce n'est pas à l'A.P.S.L. de décider si tel ou tel étalon doit ou ne doit pas saillir. En revanche, c'est son rôle de guider les éleveurs, en donnant des notes qui serviront de repères. Par exemple, bien qu'approuvé à la monte avec une note médiocre de 62, un mâle ne devrait jamais saillir. De toute façon, cette note, loin d'être tenue secrète, figure au stud-book avec tout le détail des points. »

LE STUD-BOOK LUSITANIEN, LA BIBLE DES ÉLEVEURS

Fondé en 1967, le stud-book du pur-sang lusitanien a nécessité un travail de compilation de très longue haleine, puisqu'il a été élaboré d'après les informations minutieusement cumulées par les registres de naissance tenus par les élevages privés et les Haras nationaux. Mais bien que rendus obligatoires dès 1857, ces registres de naissance n'ont malheureusement pas suscité l'intérêt des petits éleveurs. Seuls les deux Haras d'État ainsi que les éleveurs les plus importants se sont prêtés au jeu, cumulant dans leurs cahiers, au fil des ans, de précieuses informations généalogiques.
Ces lacunes et manques de données du fait des plus petits élevages expliquent sans aucun doute pourquoi le stud-book a jugé nécessaire de laisser ses portes ouvertes jusqu'en 1980, acceptant les inscriptions à titre initial après examen strict et minutieux des chevaux présentés. Ces treize années ont permis ainsi d'enregistrer et recenser des lusitaniens dont les lignées n'avaient jamais été déclarées dans quelque autre registre.
La rédaction du stud-book, entreprise par le Dr João Costa-Ferreira et son équipe dès 1989, à partir de toutes ces données compilées, a permis la publication de trois tomes : le premier couvre la période antérieure à 1991, le second le complète de deux années, jusqu'à la fin 1992, le troisième, paru en 2002, s'étend jusqu'en 1995. Le quatrième tome devrait permettre de réduire un peu l'écart qui s'était imposé entre les dates parutions et les années couvertes par les livres, écart aisément compréhensible quand on connaît l'ampleur du chantier !
Véritable bible de l'élevage, indispensable à tout éleveur et tout passionné, le stud-book délivre une mine d'informations sur chaque cheval. Outre les renseignements de base que sont le numéro d'enregistrement au stud-book, les noms du naisseur, du père et de la mère, et le pays d'origine, chacune des fiches donne le numéro d'inscription aux Livres des naissances,

Ulisses, Coudelaria Raposo Cordeiro.

des adultes et de mérite, s'il y a lieu, le taux de consanguinité, la présence de sang (en pourcentage) des six étalons chefs de race **(5)**, les frères utérins (par la mère) et consanguins (par le père), les prix gagnés en concours d'élevage…

LE LIVRE DES NAISSANCES

Déclaré fermé en 1980, le stud-book du pur-sang lusitanien a clôturé ainsi toutes les inscriptions à titre initial autorisées depuis la création du stud-book. Aussi, sauf cas d'exception rarissime, il est impossible de faire enregistrer un cheval au stud-book s'il n'est pas né de père et de mère eux-mêmes inscrits au stud-book.

Quoique bien verrouillé depuis près de vingt-cinq ans, le stud-book mène une politique de contrôle des naissances très stricte, afin d'empêcher qu'un vilain petit canard ne vienne se promener parmi les blanches ouailles, perturbant ainsi la sérénité retrouvée de l'élevage lusitanien. Ainsi, l'enregistrement au *Livre des naissances des poulains lusitaniens* n'est pas systématique. Depuis 1992, il demande quelques démarches de la part des éleveurs, qui doivent souscrire à une prise de sang de tous leurs poulains avant leurs trois mois, pour un test de compatibilité. Depuis 1998, soit depuis l'ouverture du laboratoire de génétique moléculaire du Haras de Alter, chaque échantillon sanguin est envoyé à Alter do Chão pour une analyse A.D.N. ! Quant au transpondeur électronique (« puce »), visant à identifier officiellement les animaux pour limiter les vols et les fraudes en tout genre, il devrait être rendu obligatoire sous peu, pour tous les poulains, puis pour tous les adultes…

LE LIVRE DES ADULTES

Destinés à une carrière de reproducteurs, mâles et femelles doivent alors intégrer le *Livre des adultes*. La procédure, similaire pour les deux sexes jusqu'en 1993, s'est scindée en deux, devenant plus contraignante et plus sévère pour les futurs étalons. Ainsi, pour les mâles avant 93, et pour les juments jusqu'à aujourd'hui, un seul examen de modèle et allures, réalisé à domicile par un juge commandité par l'A.P.S.L., suffisait à approuver un lusitanien comme reproducteur.

Depuis 93, les mâles qui souhaitent intégrer le *Livre des adultes* pour une carrière de reproducteur, doivent se soumettre à un test plus sévère, une sorte d'examen collectif qui se déroule hors de chez eux, dans une carrière neutre, lors d'un salon équestre,

(5) Les chefs de race sont présentés au chapitre III, p. 71

Superbe tête de Xarlot,
de la Coudelaria Felix
da Costa.

LA REPRODUCTION LUSITANIENNE AU PORTUGAL EN CHIFFRES
(CHIFFRES FOURNIS PAR L'A.P.S.L.)

Année	Étalons approuvés	Étalons à la saillie	Nombre de naissances	% Juments/étalon
1992	104	198	878	4,43
1993	73	221	935	4,23
1994	88	228	1 000	4,39
1995	70	259	1 090	4,21
1996	83	280	1 131	4,04
1997	76	313	1 175	3,75
1998	73	351	1 280	3,65
1999	85	412	1 350	3,28
2000	125	304	1 139	3,75

ou chargée d'histoire, comme peut l'être la pelouse du festival international du pur-sang lusitanien, celle de la place centrale de Golegã, ou celle de la Coudelaria de Alter. Particulièrement attendu par les éleveurs qui y voient le moyen de lancer la carrière d'un étalon plus ou moins prometteur, cet examen attribue une notation sur 100, éliminatoire en dessous de 62, ainsi que des étoiles, distribuées avec parcimonie au-delà de 72 points. Ainsi, une note de 72,50 donne droit à une étoile, une note de 75,80, à deux étoiles, et une note de 80,100 points, à trois étoiles.

LE LIVRE DU MÉRITE

Décidée à améliorer de façon décisive la qualité des alliances lusitaniennes, l'A.P.S.L. a placé sur le parcours des étalons reproducteurs, plusieurs barrières incontournables qui, en contrôlant s'ils sont excellents pères, ou seulement bons et même médiocres, leur impose plusieurs quotas de saillies, essentiels pour une sélection de plus en plus contrôlée et affinée.
Aussi, depuis le 1er janvier 2004, tout étalon reproducteur n'a le droit de ne saillir que dix juments par an. Pour augmenter

Jeune poulain crème, fils de Platina de la Coudelaria Santa Margarida, à plein galop sur l'immense pelouse de la Companhia das Lezírias.

Nostradamus Top, Vice-Champion de la race en 2003, présente des allures remarquables, et un caractère volontaire et généreux que ses oreilles et son port de tête dénoncent clairement.

La présentation en main à l'arrêt et au trot permet d'évaluer la qualité morphologique et motrice de chaque cheval.

son cheptel et gagner d'autres étoiles à son palmarès, il lui faut gravir les échelons, en fonction de critères fondés d'une part sur ses propres performances en concours de modèle et allures, et d'autre part sur sa descendance.
Ainsi, pour être accepté reproducteur recommandé décoré de quatre étoiles, il doit satisfaire à des critères sévères de fonctionnalité, notés en concours. Il pourra alors saillir quarante juments maximum par an.
Pour atteindre le rang suprême de reproducteur de mérite honoré de cinq étoiles, inscrit au *Livre de mérite*, il lui faudra faire preuve d'une descendance fiable et homogène parmi laquelle au moins trois fils déclarés étalons recommandés. Les reproducteurs de mérite sont autorisés à couvrir jusqu'à quatre-vingts juments par an. Quant aux fils des reproducteurs de mérite, ils se voient octroyer un bonus supplémentaire de dix juments par an dans la mesure où ils sont âgés de plus de dix ans !

Bien entendu, ce même parcours sélectif et restrictif est appliqué aux juments, qui, elles aussi peuvent intégrer le Livre de mérite. Bien que très important pour guider les éleveurs dans le choix de leurs poulinières, il a toutefois moins d'incidence sur la race, pour la simple raison qu'une jument ne donne naissance qu'à un seul poulain par an, quand un étalon peut se retrouver père de dizaines de filles et de fils par an ! De toute façon, quand on sait qu'un mâle lusitanien ne saillit en moyenne que trois à quatre juments par an, il paraît clair que le débat se situe à un autre niveau, bien éloigné de la seule gestion des jumenteries assignées aux étalons : il consiste pour l'instant, à sensibiliser les éleveurs aux bons étalons, autres que ceux de leur maison ou des maisons Andrade ou Veiga.

Serena de la Coudelaria Felix da Costa.

Ambassadeurs exemplaires de la race, la Française Magali Delgado et son célèbre étalon Dao de Courenne, font briller la flamme lusitanienne sur toutes les plus grandes pistes du monde entier.

Né au Brésil, Nostradamus-Top appartient désormais à l'éleveur portugais Miguel Felix da Costa. Ici, sous la selle de César Marques, en équitation de travail.

L'éleveuse française Dany Lahaye engage chaque année avec succès un poulain de son élevage au Festival international. En 2004, c'est son U-Ninja Menezes qui remporte la 3e place des trois ans.

Le lusitanien dans le monde

Le lusitanien ne reconnaît qu'un seul stud-book dans le monde, celui dont la gestion incombe à l'A.P.S.L. Aussi, toutes les associations étrangères sont-elles nécessairement affiliées à l'A.P.S.L., quand bien même elles doivent aussi répondre aux exigences des Haras nationaux et Ministères de l'Agriculture de leur propre pays. Par exemple, en France, la race lusitanienne a été officiellement reconnue par les Haras nationaux en 1988. Soumise aux impératifs du gouvernement par le biais de ses Haras en matière de chevaux, elle doit allégeance avant tout au Portugal, son berceau de race, et à l'A.P.S.L., qui tient les rênes de son stud-book. L'on comprend que la situation, mille fois connue de toutes les associations étrangères de race, ne soit pas toujours simple à gérer. Connaissant depuis la fin de l'épidémie de la peste équine espagnole (juin 1989 - janvier 1991) une embellie qui se profile aussi florissante que celle des grands siècles de l'histoire, le marché du lusitanien s'est envolé partout dans le monde. Ainsi aujourd'hui, l'on compte plus de poulinières sur toute la surface du globe, que dans leur berceau d'origine, puisque le Portugal recense environ mille huit cents poulinières et le reste du monde, plus de deux mille deux cents. Le Brésil se taille la part belle, talonnant de très près le Portugal avec une jumenterie d'environ mille quatre cents têtes. La France n'est pas en reste, puisqu'elle annonce le second palmarès étranger avec quatre cents juments. Le reste de la jumenterie lusitanienne (soit quatre à six cents têtes) se répartit entre la Belgique, l'Allemagne, le Mexique, les États-Unis, l'Angleterre, sl'Italie, l'Espagne, le Canada, et l'Australie.

LE BRÉSIL : QUAND L'ÉLÈVE RATTRAPE LE MAÎTRE...

Principal promoteur du lusitanien dans toute l'Amérique, le Brésil occupe une place prépondérante et particulière dans l'univers lusitanien, qu'il doit à son histoire longtemps entremêlée à celle du Portugal et à leur langue commune. Avec aujourd'hui quelque 1 400 poulinières, le Brésil peut se targuer d'afficher une qualité l'élevage qui n'a presque plus rien à envier à celui du Portugal. Dotés de moyens financiers considérables, les Brésiliens ont acheté, depuis une quinzaine d'années, à des prix parfois insensés, les meilleurs étalons portugais, et des lots entiers d'excellentes juments. Avec, aujourd'hui, la deuxième et troisième génération de leurs produits qui arrivent à l'âge adulte, générations clefs, révélatrices ou non de la bonne transmission des qualités génétiques, quelques éleveurs passionnés parviendront sans doute à prouver qu'ils ont su, en très peu de temps, assimiler l'art de l'élevage, et appliquer les règles de la génétique. Preuve en est, sans conteste, l'élevage de Paulo Gavião Gonzaga, qui possède l'un des plus grands cheptels de lusitaniens du monde (trois cents juments !), mais aussi l'un des plus intéressants. Avec au moins six juments et un étalon de chaque grande lignée lusitanienne (1), il détient un réservoir génétique unique, qu'il continue d'entretenir scrupuleusement, en les maintenant en lignes pures. Avec un but affiché de conservation primordiale pour la race lusitanienne, l'élevage de Paulo Gavião Gonzaga permet de sauvegarder, hors berceau, des courants de sang purs dans lesquels les éleveurs portugais concernés pourront venir puiser, plus tard, pour échapper aux problèmes de consanguinité qu'ils rencontrent dans leurs propres élevages. Le Brésil possédant désormais un cheptel en qualité et en nombre suffisant pour tourner en autonomie, les ventes du Portugal vers le Brésil s'essoufflent lentement mais sûrement. Mais, s'il s'affiche comme un très bon éleveur, il lui reste un problème de taille à gérer : son manque indéniable de cavaliers qualifiés. Aussi reste-t-il tributaire du Portugal, à qui il fait appel régulièrement tant pour venir donner des stages, que pour mener à haut niveau des chevaux d'exception.

(1) Les juments de Paulo Gavião Gonzaga sont des fers Veiga, Coimbra, Andrade, Raposo Cordeiro et Coudelaria nacional ; Alter étant le seul fer absent. Quant à ses étalons, l'un est Veiga, l'autre Andrade, le troisième est Coudelaria nacional, et les deux derniers sont des Raposo Cordeiro, fils de Novilheiro (MV).

Standard officiel

publié par l'A.P.S.L.

Xelim, de la Coudelaria Ortigão Costa, présenté par João Pedro Caleia.

1- Type

Eumétrique (pèse environ 500 kg) ; médioligne ; formes arrondies ; silhouette pouvant s'inscrire dans un carré.

2- Hauteur

La hauteur moyenne au garrot, à l'âge de 6 ans, est de 1,55 m pour les femelles, et de 1,60 m pour les mâles.

3- Robe

Les robes les plus fréquentes sont le gris et le bai, dans toutes leurs nuances.

4- Caractère

Le caractère est noble, généreux et vif, mais toujours docile et maniable.

5- Allures

Les allures sont agiles et élevées, se projetant vers l'avant, douces et d'une grande commodité pour le cavalier.

6- Aptitudes

Tendance naturelle à la concentration, avec une grande prédisposition aux exercices de haute école ; beaucoup de courage et d'enthousiasme dans les exercices d'étrier court (combat, chasse, tauromachie, maniement de troupeaux...)

7- Tête

La tête est bien proportionnée, de longueur moyenne, fine et sèche, mandibule peu développée et joues relativement longues.

Le profil est légèrement subconvexe, le front légèrement bombé, les yeux plutôt elliptiques, grands et vifs, expressifs et confiants.

Les oreilles sont de longueur moyenne, fines, minces et expressives.

8- Encolure

De longueur moyenne, rouée, étroitement attachée à la tête, l'encolure est épaisse à la base et insérée dans les épaules, sortant du garrot dans une dépression accentuée ; la crinière est fine.

9- Garrot

Bien détaché et étendu, en une transition douce entre le dos et l'encolure, le garrot est toujours légèrement plus élevé que la croupe. Un peu empâté chez les mâles non castrés, il est toujours bien détaché des épaules.

10- Poitrail

De taille moyenne, le poitrail est profond et musclé.

11- Flanc

Bien développé, le flanc est large et profond, court et plein ; les côtes sont légèrement arquées, insérées à l'oblique dans la colonne vertébrale.

12- Épaules

Longues, obliques, les épaules sont bien musclées.

13- Dos

Bien dirigé, à l'horizontale, le dos sert de trait d'union suave entre le garrot et le rein.

14- Rein

Court, large, musclé, légèrement convexe, le rein est bien attaché au dos et à la croupe avec laquelle il forme une ligne continue et parfaitement harmonieuse.

15- Croupe

Forte et arrondie, la croupe est bien proportionnée, légèrement oblique ; sa longueur et sa largeur sont de dimensions identiques ; le profil est convexe et harmonieux ; la pointe des hanches peu évidente, confère à la croupe une section transversale elliptique. La queue est dans le prolongement de la courbure de la croupe. Les crins sont soyeux et abondants.

16- Membres

Le bras est bien musclé, harmonieusement incliné.

L'avant-bras est bien d'aplomb et musclé.

Les canons sont plutôt longs, secs, avec les tendons bien détachés.

Les boulets sont secs, relativement volumineux et sans plis.

Les paturons sont relativement longs et obliques.

Les sabots sont de bonne constitution et bien proportionnés, à talons pas très ouverts, et avec une couronne peu évidente.

La fesse est courte et convexe.

La cuisse est musclée, plutôt courte, dirigée de manière à ce que la rotule se situe à la verticale de la pointe de la hanche.

La jambe est plutôt longue, la pointe du jarret se situant
à la verticale de la pointe de la fesse.

Le jarret est large, fort et sec.

Les membres postérieurs présentent des angles relativement fermés.

STANDARD PERSONNEL AU MILIEU DU XVIIIE SIÈCLE

Vantant les mérites du cheval ibérique comme le meilleur cheval pour le manège dans L'Art de monter à cheval ou Description du manège moderne dans sa perfection paru en 1759, le Baron Eisenberg en donne une description morphologique qui rappelle celle des standards de stud-books. Comparez !

« (...) Quant à la beauté, on peut voir dans la figure vis-à-vis, qu'il a la Tête légère, mince, décharnée et sans ganaches ; les Oreilles petites et bien placées ; les Yeux grands et vifs ; les Naseaux ouverts pour respirer et s'ébrouer aisément ; l'Encolure souple et bien relevée ; la Crinière fine et étroite ; le Poitrail assez large, et les Épaules libres ; les Jambes de

devant très bien faites, c'est-à-dire le bras charnu, le genou large et le canon droit, où l'on voit les nerfs nets et détachés, le boulet large, le paturon rond et court, ce qu'on appelle bien-jointé, et le pied, ou le sabot, assez pourvu de corne. Son corsage est le plus beau qu'on puisse voir, et son dos semble fait exprès pour y mettre la selle, parce que le garrot est haut, et les épaules peu chargées. Il a les Reins bons et la Croupe bien formée ; la Queue belle et garnie, et attachée de telle sorte, qu'en maniant, il la porte toujours en panache, ce qui lui donne grand air : les Hanches, si souples, qu'il s'assied dessus, les Cuisses fournies et proportionnées à la rondeur de la Croupe ; les Jarrets bons et faits pour les pouvoir plier et se soutenir, comme aussi le reste des jambes derrière. »

Ulisses, Coudelaria Raposo Cordeiro.

Tentador, fer José Govaia, lusitanien à la robe crème irisée rarissime.

Ucalitos, fer Felix da Costa par Oficial (CFR)

Talio, Coudelaria Ortigão Costa.

les poulains de Fonte Boa
et de Alter arrivent au galop
du fond de leur île, pour
venir manger le grain.

LES GRANDES FAMILLES DE SANG

Vampe, petit bijou de Miguel Felix da Costa, Championne des championnes d'ExpoEgua 2004.

Les poulains de Fonte Boa et de Alter arrivent au galop du fond de leur île, pour venir manger le grain.

De la difficulté d'être éleveur

« En tant qu'éleveurs, nous avons trois possibilités : faire mieux que le hasard, faire comme le hasard, ou faire pire que le hasard ! » Cette phrase aux allures de maxime du Dr Pedro Ferraz da Costa résume génialement toute la complexité de l'élevage. Subtil mélange de connaissances magistrales des lignées et des généalogies, et d'expériences empiriques accumulées au fil des années et des décennies, l'art d'élever ne s'apprend pas. Il se forge lentement, il se moule tel un bronze, au gré des réussites et des échecs, des naissances et des morts, des aléas heureux ou malheureux. Car bien plus qu'un métier, l'élevage s'apparente à un art impalpable, inexplicable, et presque injustement sévère, tant il permet l'avènement de certains chefs-d'œuvre de la nature, que la naissance de médiocrités non méritées.
Quel éleveur réputé n'a pas un jour mis au monde un bon poulain et un moins bon, un crack et un très mauvais ? Quel éleveur expérimenté ne s'est jamais interrogé devant les hasards décidément peu intelligibles de la génétique, qui font que d'un même père et d'une même mère peuvent naître deux sujets que tout oppose ?
Par chance sans doute, la génétique, encore peu explorée, nous réserve quelques nouvelles surprises, et non des moindres, qu'elle prend soin, pour l'instant, de garder bien sagement au secret.

Le fer de l'élevage du Dr Carlos Ferreira.

Par chance aussi, certains naisseurs, peut-être plus fins et plus sensitifs que d'autres, parviennent à contourner les pièges de cette science mal connue grâce à leur doigté unique ou personnel qui donne vie à des lignages d'une qualité régulière, des lignages qui se bonifient, tel de bons vins, de génération en génération.

Poulinière et son poulain de la jumenterie Raposo Cordeiro, installée dans le Ribatejo.

Le fer de José Manuel de Mello est composé des initiales de son domaine : M et R, pour Monte de Ravasqueira.

Histoires de générations

Au-delà de la modestie et de l'humilité, s'il est un maître mot pour se lancer dans l'élevage, c'est bien la patience qui contribue en grande part à la réussite de l'entreprise. En effet, chez les équidés, les générations sont assez longues. Rares sont les mâles qui saillissent dans leur jeune âge.

QUESTIONS DE GÉNÉRATIONS

Il faut, pour cela, qu'ils soient très bien nés, et qu'ils prouvent déjà poulains, en liberté ou en main, des aptitudes exceptionnelles. Plus souvent, les éleveurs préfèrent les voir confirmer leurs réelles capacités sous la selle avant de les utiliser comme étalons. Aussi les entiers (1) ne commencent-ils à reproduire, en moyenne, qu'à partir de six ou sept ans, voire bien plus tard, surtout s'ils se lancent dans une carrière sportive intensive. Leur progéniture, même très nombreuse, ne pourra donner des résultats probants que dans leur quatrième année dans le meilleur des cas. Au bout du compte, pour bien juger de la

(1) Dans le vocabulaire équin, on désigne par le mot « entier » un cheval non castré, capable donc de reproduire, mais dont la carrière de reproducteur n'a pas encore débuté. Quant au terme d'étalon, il est plus spécifiquement réservé aux chevaux reproducteurs.

Juments chez Paulo Caetano.

Bain collectif pour les pouliches de un et deux ans de Monte de Ravasqueira.

qualité génétique globale d'un mâle sur une seule génération, il faut pouvoir se permettre d'attendre une bonne dizaine d'années depuis le jour de sa naissance. Et si l'on veut juger de la descendance de ses fils, essentielle pour asseoir les résultats de la première génération, il faut alors patienter presque quinze ans depuis le premier jour... Quant aux juments, elles commencent à pouliner encore dans leur adolescence, généralement vers l'âge de quatre ans. Aussi peut-on envisager de les estimer comme bonnes mères ou non dans un laps de temps un peu plus court, d'environ huit ans. Mais un autre obstacle, de taille, vient barrer leur parcours. Car si un étalon peut saillir jusqu'à plus de trois cents juments par an grâce à l'insémination artificielle pratiquée notamment dans les races destinées à l'obstacle, une poulinière ne peut mettre au monde qu'un poulain par an, ou même tous les deux ans. Elle réduit ainsi considérablement, par rapport à l'étalon prolifique, le champ de vision et d'observation de ses qualités génétiques. Seule la technique avancée du transfert d'embryons **(2)** (pas encore utilisée dans la race lusitanienne) permet à une mère de donner naissance, via d'autres mères porteuses, à plusieurs poulains de son sang au cours d'une même année, et de continuer, pourquoi pas, sa carrière sportive.
Quoi qu'il en soit, que l'on aborde le problème du côté paternel ou maternel, il dévoile la même vérité que Jean de la Fontaine a si bien résumée dans une morale universelle : « Patience et longueur de temps font plus que force ni que rage. »...
Et sachant qu'il faut compter quinze générations pour fixer un gène définitivement dans une lignée, l'on comprend la difficulté d'élever des chevaux plutôt que des lapins ou des souris, voire des tomates !

CONFLITS DE GÉNÉRATIONS

Dans ce contexte biologique si spécifique, jeunes éleveurs et éleveurs de longue date semblent avoir bien du mal à trouver leurs repères les uns par rapport aux autres, dans le monde lusitanien. Vexante, et même exaspérante pour les plus anciens, la réussite parfois flamboyante de certains débutants fait pourtant sourire les vieux loups de la profession, qui analysent la situation d'une façon désabusée, avec ce recul et ce sang-froid caractéristiques que seules les décennies d'expérience peuvent leur conférer. Pour eux, les petits jeunots parviennent à faire illusion dans le métier de l'élevage sur une ou deux générations de poulains. Puis, après avoir brillé une saison ou deux, ils s'en retournent broyer du noir. Seuls rescapés parmi les nombreux amateurs échaudés, quelques futurs grands parviendront à tirer leur épingle du jeu.
Pourquoi les autres font-ils sensation le temps d'une unique génération ? Représentés massivement au Brésil, ces jeunes éleveurs procèdent à une méthode efficace à court terme, qui se révèle risquée à long terme, faute de connaissances et de savoir-faire. En effet, souvent très fortunés, ils achètent chez les éleveurs les plus réputés du Portugal quelques-unes des meilleures juments, ainsi qu'un ou deux étalons de renom. Dans la grande majorité des cas, ils acquièrent des poulinières charpentées, avec de l'os, un peu dans le type Andrade, et des mâles dans le sang, façon Veiga ou Coimbra **(3)**. Le croisement ayant déjà amplement fait ses preuves depuis quelque quarante ans, aussi n'ont-ils aucun mérite propre à ce que la première génération engendrée chez eux naisse avec toutes les qualités que l'on connaît à de telles royales alliances. Auréolés de ces vieux lauriers fraîchement coupés, ils doivent pourtant confirmer leur

talent en réussissant la seconde génération, beaucoup plus hasardeuse. Car les choses se compliquent à plaisir dès lors qu'il s'agit de former les nouveaux couples, dont au moins un des partenaires est déjà issu d'un croisement, qui donneront naissance à la génération suivante. Et que dire, ensuite, de la troisième génération qui devient pour le coup totalement aléatoire si l'on ne maîtrise pas sur le bout des doigts la généalogie des lignées lusitaniennes, les qualités et les défauts de chacune, leur origine, leur histoire et leurs antécédents génétiques ? Sûrs de leur raisonnement imparable, les cadors de l'élevage, héritiers de père en fils depuis près d'un siècle ou plus, des traditions et convictions familiales, ne prêtent qu'un œil amusé à ces nouveaux « bonimenteurs ». Lesquels, dès lors qu'ils cumulent trois ou quatre générations de poulains nés à la maison, peuvent pourtant briguer les postes de sérieux rivaux. Car à l'inverse des premiers, leur discours s'embarrasse peu d'un traditionalisme légué par une histoire déjà écrite, respectée et respectable. Pragmatiques à l'extrême, peu encombrés des pratiques de famille, ils ont libre champ pour s'essayer à des croisements inédits, et des mariages osés, qui, s'ils ne paient pas à tous les coups, peuvent surprendre par l'exemplarité de certains résultats...

LE CONSENSUS DES GÉNÉRATIONS MODERNES

Au-delà des querelles de clocher toujours nécessaires pour faire avancer le débat quand elles sont un rien justifiées, s'il est une clef à la réussite actuelle de l'élevage lusitanien dans sa globalité, c'est sans aucun doute celle qui ouvre les portes conjuguées des traditions et du modernisme, des méthodes anciennes et des approches modernes, de la continuité des lignées dans le sang le plus pur et des métissages en tout genre. Et dans un paysage où chaque éleveur se doit de définir sa ligne de conduite édictée par son passé et son histoire, l'élevage du cheval lusitanien parvient à s'ériger en une sorte de symbole de consensus. Un consensus fondé, d'une part, sur l'équilibre entre le maintien et la préservation des grands courants de sang, même fortement consanguins, pour une fixité maximale des gènes, et d'autre part, sur le brassage de ces courants pour un rafraîchissement, un rajeunissement vital et essentiel pour la survie de la race.

Cet équilibre délicat et pourtant harmonieux, digne des plus grands fildeféristes, résulte de la volonté commune de l'ensemble des éleveurs de chevaux lusitaniens, qu'ils soient fraîchement débarqués dans le milieu ou légataires des plus vieilles lignées, de créer le cheval parfait.

Aussi importe-t-il, pour bien comprendre et appréhender cette spécificité de l'élevage lusitanien qui fait aussi l'une de ses grandes forces, de s'arrêter d'abord sur les quatre familles majeures qui en constituent la race, ainsi que sur les chefs de race de la première moitié du XXe siècle qui ont tissé la trame de l'actuel cheptel.

(2) Extrêmement onéreux, le transfert d'embryons est régulièrement appliqué dans le monde des sports équestres (surtout pour l'obstacle) pour ne pas freiner la carrière d'une jument excellente. Même cher, le transfert d'embryons permet à la jument de jouer son rôle de reproductrice, sans mettre en danger sa carrière sportive.

(3) Andrade, Veiga, Coimbra : les courants de sang sont expliqués plus loin en p. 71

Quimono II, Étalon Veiga au travail dans le manège Lusitanus de Golegã.

Jolie petite pouliche de l'élevage Carlos Ferreira.

Les grands courants de sang

Comme nous l'avons déjà souligné dans les chapitres précédents, l'histoire contemporaine du cheval lusitanien s'écrit depuis un petit siècle. Elle puise ses origines aux premières recherches que Ruy d'Andrade et Manuel Tavares Veiga ont entreprises au début du XXe siècle pour sauver ou plutôt pour recréer leur cheval coursier, guerrier et torero, à partir de quelques jumenteries espagnoles les plus pures, dénichées au fond de l'Andalousie, et exemptes de mariages mixtes malgré des décennies funestes de croisements destructeurs. Et si aujourd'hui la race lusitanienne démontre des particularismes très éloignés de ceux de sa voisine et cousine espagnole, tant dans sa morphologie que dans sa fonctionnalité, il ne faut jamais perdre de vue qu'elles ont été sœurs jumelles pendant des siècles. Puis, après s'être égarées au cours d'un XIXe siècle tragique, elles se sont retrouvées un court instant, lors des travaux des Portugais d'Andrade et Veiga, pour se reconstruire séparément par la suite, choisissant deux chemins d'évolution différents, qui les ont menées, l'une au P.R.E., l'autre au pur-sang lusitanien.

De ce parcours étrange, tour à tour conjoint puis dissocié, mêlé et soudé puis désuni et distendu, il en résulte des racines communes qui ont permis l'avènement de chefs de race tant lusitaniens qu'espagnols. Aussi n'est-il pas surprenant de retrouver un siècle plus tard, dans la quasi-totalité des généalogies modernes lusitaniennes, des origines andalouses !

LES CHEFS DE RACE LUSITANIENS

La race lusitanienne actuelle repose sur six chefs de race, qui tous ont vécu dans la première moitié du XXe siècle, et plus spécifiquement dans les années trente et quarante.

Bien qu'il soit cruzado, croisé avec du pur-sang arabe, Trunfo (fer Brito Paes) n'en reste pas moins le fils du célèbre étalon lusitanien Xaquiro, reconnu meilleur père de l'année 2004.

Restées au frais dans les écuries pendant la journée, les poulinières Andrade regagnent leurs prés en fin d'après-midi pour passer la nuit à la belle étoile.

Parmi ces six, l'un d'entre eux, Primoroso, est un véritable Andalou de pure souche. Il doit son immigration au Portugal à l'influence de Ruy d'Andrade. En effet, lors de ses pérégrinations espagnoles, le grand généalogiste a découvert deux trésors génétiques, essentiels à l'avancement de ses chantiers de reconstruction de la race : l'étalon Solo, appartenant à Dom Vicente Romero y Garcia, et son fils, Primoroso, appartenant à José Dominguez Romero. Solo restera en Espagne, destiné à une carrière de grand reproducteur. Quant à Primoroso, il se verra finalement acheté par la Coudelaria nacional portugaise en 1932. Quoique séparés, père et fils seraient à l'origine de la plupart des lignées ibériques actuelles, tant d'un côté de la frontière pour le père, que de l'autre, pour le fils.

Autre étalon illustre, le Veiga Agareno, peut se targuer de compter, au même titre que Primoroso, d'être l'un des aïeux les plus importants des lignages lusitaniens modernes.

Viennent s'adjoindre à ces deux chefs de race prépondérants que sont Primoroso et Agareno, quatre étalons nationaux. Deux

Moments de complicité entre T-Xaveco et Pedro, son soigneur. Élevage José Luís Sommer d'Andrade.

proviennent de la Coudelaria nacional : Destinado et Huchiaria ; et deux, de la Coudelaria de Alter : Marialva II et Regador. Ces six étalons fondateurs ont suffi à asseoir les fondements de la race telle qu'elle se montre aujourd'hui. Plus de soixante ans après leur passage sur terre, leur souvenir s'est estompé avec le temps. En toute modestie, ils ont cédé la vedette aux quatre élevages immuables auxquels ils étaient rattachés de leur vivant : les maisons privées d'Andrade et Veiga, et les haras nationaux de Alter et de Fonte Boa, au point que chacun de ces hauts lieux d'élevages a donné son nom à un type spécifique de chevaux très marqués génétiquement par leurs ascendances. Ne parle-t-on pas des Veiga fins et chauds, des Alter hispanisants à la robe baie, des Andrade charpentés, et des Fonte Boa moins nobles et plus carrossiers ? Pourtant, malgré leurs particularismes propres, tous sont réunis sous la seule et unique race lusitanienne, et tous sont acceptés au titre de pur-sang lusitanien au sein du stud-book de la race.

Les Andrade

Né des mains du grand Ruy d'Andrade (aux deux sens du terme, puisque n'oublions pas qu'il mesurait 1,80 m), avant tout pour satisfaire ses goûts personnels de cavalier passionné, le cheval d'Andrade affiche une taille surprenante pour l'époque. Sa hauteur moyenne au garrot, établie d'après les mesures de vingt-trois de ses poulinières, annonce alors 1,61 m ! Si aujourd'hui, cette moyenne est largement atteinte et même dépassée par la grande majorité des élevages qui, tous visent le 1,64 m ou 1,65 m pour leur jumenterie, elle correspondait, au début du XXe siècle, à une taille exceptionnelle, puisque dans leur ensemble, les juments devaient toiser entre 1,50 m et 1,52 m au garrot, et les mâles rarement plus de 1,55 m…

Pour répondre aux impératifs autrefois militaires dorénavant ruraux et agricoles, l'Andrade a de l'os ; il est fort, porteur, endurant. « Nos chevaux ont toujours été sélectionnés avant tout

Autres instants complices entre Lugre et Pedro, le soigneur de Fontalva.

pour leur fonctionnalité et leur résistance » explique José Luís Sommer d'Andrade, petit-fils de Ruy d'Andrade et héritier de la propriété toscane de Fontalva. « Bien plus qu'un cheval esthétique, l'on recherche un cheval pratique et efficace. Peut-être est-ce le bon sens paysan qui parle, mais chez nous, l'on a toujours eu l'habitude de tester nos poulains dès l'âge de quatre ans, en les menant au taureau ou au lièvre. Un jeune cheval capable d'entraîner les taureaux aux champs ou de suivre une chasse au lièvre toute une journée, sans qu'il soit déjà mis en condition musculaire et respiratoire, fait déjà preuve d'une résistance et d'un mental de guerrier hors du commun. Lui sera assurément retenu comme étalon, plutôt que d'autres qui répondraient surtout à des critères bien plus futiles de beauté et même de morphologie. »
Fondé entièrement à partir de souches andalouses, l'Andrade se veut le témoin espagnol, la bonne conscience hispanique des lignages portugais. Elevé en vase clos depuis les années 1920 à partir de juments rapportées d'Espagne et d'étalons du pays, il peut se vanter de n'avoir jamais connu, sous son nom, quelques petites incursions arabes ou barbes, discrètes ou secrètes, qui ont séduit d'autres élevages tout aussi réputés que le sien au milieu du XXe siècle. À quoi bon se risquer à de pareilles tentatives si lourdes de conséquences pour les générations à venir ? « De toute façon, le sang arabe et le sang de trait sont déjà inscrits dans toutes les lignées ibériques, certes, avec plus ou moins de vigueur et de distance. » Enchaîne le maître de Fontalva. « Preuve en est le fameux Cartujano **(1)** d'Andalousie, issu depuis des siècles de juments reconnues les plus pures… En fait, elles aussi portent en elles le sang de chevaux lourds de Normandie et de petits chevaux rustiques de moins de 1m40 ! **(2)** » Et même après quantité de générations, ces traces devenues infimes, peuvent ressurgir un jour ou l'autre de façon plus évidente sur un poulain.
Parmi tous les Andrade qui ont ponctué ce siècle si riche, tels Maravilha, Vulcano, Martini, ou Urco, Criptogamico, Yacht, ou bien encore Euclides monté par le maître Nuno Oliveira, Zamorim ou Dragão sorti dans les arènes par Paulo Caetano, s'il en est un à retenir, c'est sans doute l'étalon Firme. Né en 1956, il est connu pour ses mariages exceptionnels avec des juments Veiga. De ces alliances extraordinaires sont nés des fils aux parcours légendaires : Neptuno et Opus-72, montés en corrida par les illustres cavaliers tauromachiques espagnols Dom Manuel Vidrié et Dom Alvaro Domecq, plus tard fondateurs de l'École royale andalouse d'art équestre de Jerez ; Novilheiro, monté en CSI (Jumping internationaux) par le cavalier anglais olympique John Withaker, Nilo, Trinco…
Étant donné les résultats hors du commun qu'ont engendrés de tels croisements, l'expérience a été renouvelée à d'autres occasions entre les familles Andrade et Veiga. Ainsi, notamment, les étalons Andrade Altivo et Yacht ont été utilisés pour couvrir des juments Veiga.

DES NOMS À DEUX MAJUSCULES

Justement. Altivo, Cryptogamico, Dragão, Lugre, Martini, Wembley, Yacht… À la lecture des noms des chevaux nés à l'élevage d'Andrade, on peut être surpris de ne pas retrouver la lettre majuscule officielle, attribuée par le stud-book chaque année, suivant l'ordre de l'alphabet, à l'exception du W et du Y qui sont évincés. Ainsi, Lugre, né en 1988, aurait du porter un nom commençant par un G ; Cryptogamico, né en 1979, un nom commerçant par la lettre V ; Wembley, né en 1973, un nom commençant par un P ; etc...
Bien entendu, la simple erreur d'inattention de la part de naisseurs d'un tel renom pour qui l'élevage n'a plus beaucoup de secret, ne peut suffire à expliquer l'affaire, d'autant plus que les noms des chevaux d'Andrade répondent eux-aussi à une logique alphabétique régulière. En effet, décidément précurseur, Ruy d'Andrade avait déjà imposé dans son propre élevage le système adopté bien plus tard par le stud-book lusitanien,

(1) Cartujano : Ce nom attribué à l'un des courants de sang les plus connus de la Péninsule ibérique provient des moines chartreux de Jerez de la Frontera, qui élevaient des genets d'Espagne. Ayant évité les mélanges ravageurs et notamment ceux des chevaux germaniques et normands importés vers 1680, dans la Péninsule via la Cour de Madrid du temps du roi d'origine française, Philippe II de Bourbon, les Carujano sont connus pour la pureté de leur sang.

(2) Il s'agirait peut-être même du Sorraia, et plus probablement de ce poney du nord de la Péninsule, appelé Garrano au Portugal et Jaca en Espagne.

au même titre que la plupart des autres registres de race **(3)**, pour des questions éminemment pratiques, qui consiste à fixer une lettre par année de naissance. Convaincus à l'évidence de l'antériorité des lignées d'Andrade sur le stud-book, les successeurs de Ruy d'Andrade ont continué à attribuer les noms en respectant la lettre de départ de l'alphabet déjà donnée par leur aïeul à la fondation de l'élevage, malgré les injonctions réitérées du stud-book lusitanien de se plier à la lettre officielle, évidemment différente !
Un compromis semble avoir néanmoins été adopté depuis la directive européenne de 1982. Les chevaux nés à Fontalva continueront à suivre l'alphabet initialisé par Ruy d'Andrade à condition qu'ils soient enregistrés au stud-book par la lettre officiellement imposée, rajoutée devant le nom **(4)**. C'est pourquoi Solo, né en 1995, s'appelle sur le papier O-Solo ; Xaveco, né en 2000, est enregistré sous le nom de T-Xaveco, etc...

Les Veiga

S'il est un mot connu et assimilé dans tout le monde du cheval lusitanien, sans doute est-ce le nom de Veiga. Symbolisant à la fois la force et le sang, la rapidité et la finesse, la réactivité et l'élégance, le Veiga s'est tellement démarqué du reste des chevaux ibériques qu'il pourrait presque former à lui seul une race à part entière, au sein de la race lusitanienne. Une race de coursiers, une race de pur-sang tant il semble pur !
N'est-ce pas d'ailleurs le propre des chevaux dits de pur-sang que de se proclamer les plus purs quand ils ne le sont pas ? On le sait du célébrissime pur-sang de courses, le pur-sang anglais, qui résulte d'une savante recette entre la plupart des races de sang anciennes (au moins l'arabe, le barbe et l'Akhal-Téké), une recette savante et réussie qui lui permet d'afficher à la fois les meilleurs temps jamais courus, et un profil tellement épuré, fin et svelte, qu'il en paraît totalement pur. Pourquoi n'en serait-il pas ainsi du pur-sang Veiga dont le but premier clairement énoncé par Manuel Tavares Veiga, était bien la restauration du cheval coursier lusitanien (« Ginete lusitano ») de l'ancien temps bien plus que la pureté de ses origines ?
Élancé et fin, sensible et chaud, bien plus que le commun des lusitaniens, le cheval Veiga se distingue de toutes les autres races et même de tous les autres lusitaniens en un seul coup d'œil, d'autant qu'il arbore un physique assez unique. Doté d'un corps racé et peu massif, d'un dos assez court mais droit, voire carpé, de membres légers, d'une encolure ronde mais légère, plantée bas sur une épaule musculeuse, il présente une tête

(3) C'est une directive européenne prise en 1982 qui oblige à fixer une lettre par année. Le pur-sang anglais, dont la gestion du stud-book est mondiale, résiste encore à cette facilité, qui pourtant simplifie bien les choses.
(4) Ce même compromis s'applique pour les chevaux étrangers, soumis à une lettre imposée par les Haras nationaux de leur propre pays.

Presque tous les chevaux lusitaniens affichent un fort taux de sang Veiga dans leurs papiers, comme XL, ce poulain du fer Félix da Costa, fils d'Universo et petit-fils par la mère du célèbre étalon tauromachique Neptuno, autrefois monté par Dom Manuel Vidrié.

Latino, fils du Veiga Maravilha, appartient à la Coudelaria Ortigão Costa.

Opala, Polka et Restea, de l'élevage Pedro Ferraz da Costa, à l'entraînement en cobra avec Nuno Avelar. Ces juments descendent de l'étalon Andrade Firme et d'étalons Veiga réputés comme Opus-72 et Nilo, ou de sang Veiga comme Esquivo (RC) et Coral (JBN).

harmonieusement busquée **(5)** qu'il a transmise avec empressement à presque toute la race lusitanienne, la rendant ainsi reconnaissable entre toutes par cette particularité peu appréciée par les autres standards !

Étant donné le caractère coursier des chevaux de sang Veiga, l'on comprend qu'ils réussissent brillamment en corrida. Rapides, alertes, réactifs, réceptifs, et peut-être même émotifs, ils ont d'ailleurs été associés aux plus grands noms de la tauromachie tant portugaise qu'espagnole. Cités plus hauts à propos des lignées Andrade, les toreros andalous Dom Alvaro Domecq et Dom Manuel Vidrié ont valorisé les étalons comme Opus-72 et Neptuno, tant Veiga qu'Andrade. Comment ne pas évoquer aussi l'étroite collaboration entre la famille Veiga et le fameux torero portugais João Branco Nuncio, qui a contribué à mettre en valeur l'élevage en sortant en dans les meilleures arènes de la Péninsule, des étalons tels Sultão ou Pincelim ou encore Santander, Garato, Lidador… Pour régler définitivement le sort des taureaux, citons aussi Mercurio, monté voici quelques années par David Ribeiro Telles ; Brilhante, Zagarata et Fado, montés par Manuel Conde ; et bien plus récemment, Damasco II, sous la selle du jeune mais néanmoins très réputé Rui Fernandes.

(5) Considérée comme un défaut rédhibitoire dans la plupart des stud-books excepté celui des trotteurs français, la tête busquée est appréciée chez le lusitanien comme preuve de pureté, puisqu'au contraire, il voit dans les têtes rectilignes ou concaves, l'influence jugée néfaste du sang arabe.

Un fils d'Habil, du fer Manuel Assunção Coimbra, est pur sang Veiga.

Grandes origines tauromachiques pour Invulgar, jolie fille du Veiga Nilo. Élevage Carlos Ferreira.

Ofensor, étalon Veiga, présenté ici à trois ans par un campino à la Quinta da Broa.

LE SANG VEIGA, AMÉLIORATEUR DE RACE

D'autres grands étalons Veiga reviennent sans fin, présents tant dans les mémoires, que sur tous les papiers lusitaniens du Portugal, d'Europe et des Amériques. Ainsi, en plus des Nilo, Trinco, Novilheiro et autres fils Veiga par Firme (SA), citons aussi, dans le désordre, des purs étalons Veiga, tout aussi célèbres, tels que Danubio, sacré Champion des champions au Festival international du pur-sang lusitanien édition 1988, Universo, Ofensor, Maravihla, Bailador II, Quieto, Dardo II, Minuto, Habil, Oceano, Honrado, Junco II…

Quatrième du nom, l'actuel Manuel Tavares Veiga perpétue le travail de sélection et de généalogie de son grand aïeul, qui a su, au début du XXe siècle, fonder ce courant de sang étonnant, détonant même, tellement reconnu et apprécié que la plupart des éleveurs le considèrent comme une manne génétique inestimable. Car, si les Veiga sont de bons chevaux d'utilisation, que l'excès de sang et de consanguinité rend toutefois très délicats et ultra-sensibles, ils restent surtout et avant tout d'excellents améliorateurs de race, assurant à tout l'élevage lusitanien un réservoir indispensable qui conserve les caractéristiques fondamentales de la race, dans lequel les éleveurs viennent puiser régulièrement pour réinjecter du sang dans leurs lignées. Les étalons Veiga, achetés ou loués le temps d'une saison pour saillir les jumenteries d'éleveurs soucieux d'affiner leurs souches, sont devenus omniprésents dans presque tous les papiers lusitaniens, en première, deuxième et troisième générations. Ainsi, l'élevage Veiga se distingue chaque année au Festival international, lors de la classe des descendances. En 2003, ses étalons Ofensor et Opus-72 (mort la même année) ont remporté l'un la première place, l'autre la seconde et troisième places. En 2004, c'est au tour d'Universo (lui aussi mort la même année) et toujours d'Opus-72, de se voir attribuer à titre posthume la quatrième et la seconde place de cette classe si prestigieuse.

Poulains Veiga s'ébrouant dans leur abreuvoir.

Quant aux lignées maternelles, si Andrade accepte volontiers de vendre quelques poulinières par-ci par-là, que l'on retrouve un peu partout en Europe et au Brésil, chez Veiga, elles sont presque exclusivement réservées à l'élevage maison, et restent sagement à la Quinta da Broa, quand elles ont la chance d'être retenues. Car les autres connaissent vite le sort irrémédiable d'une fin moins heureuse… « Je sélectionne les pouliches entre huit mois et trois ans. Les meilleures rejoignent directement la

Dans la cour de la Coudelaria de Alter, les quelque soixante-dix juments escortées de leurs poulains attendent le signal pour regagner leurs huit cents hectares de pâture.

LA JUMENTERIE DE ALTER

Situé aux confins septentrionaux de l'Alentejo, à Alter do Chão, le Haras de Alter jouit de huit cents hectares de pâtures entièrement emmurées, qui accueillent la plus grande jumenterie lusitanienne puisqu'elle totalise entre soixante-cinq et soixante-six juments. Suitées ou non, elles se prêtent chaque jour, à un rituel peu ordinaire : menées par leur campino, elles sont rentrées tous les matins dans les vastes et belles écuries de la Coudelaria, conçues autour d'une cour dotée de deux grands abreuvoirs, pour y être nourries. Pendant la saison de reproduction, les juments fertiles en profitent pour aller à la saillie. Ensuite, toutes, suivies de leurs jeunes poulains ou esseulées, sont relâchées dans leurs immenses pâtures entre 14 h 30 et 15 heures, après une halte aux abreuvoirs de la cour. Dans un halo aveuglant de poussière sèche, et dans ce vacarme caractéristique des cliquetis des centaines de sabots, la soixantaine de juments et ses poulains regagnent leurs vertes pâtures de printemps, jaunies par le soleil dès le mois de mai. Ce spectacle émouvant surprend tant, qu'il est devenu une sorte d'institution : il recense quelque vingt-cinq mille visiteurs par an !

jumenterie de l'élevage. Une partie de celles qui sont réformées sont mises au travail, soit pour trier le bétail, soit à l'attelage. Il arrive que, plus tard, lorsqu'elles atteignent sept ou huit ans, l'une d'entre elles s'avère excellente au travail. Alors je n'hésite pas à la réintégrer dans le circuit de l'élevage » explique Manuel Tavares Veiga.

Indispensables à la survie de la race et irremplaçables, les sangs Andrade et Veiga peuvent chacun se glorifier d'une reconnaissance nationale infaillible, et d'une réputation internationale d'envergure. Aussi célèbres et aussi estimés l'un que l'autre, complémentaires et indissociables, et pourtant presque à l'opposé l'un de l'autre, ils sont à l'origine l'un et l'autre réunis, des plus beaux papiers lusitaniens actuels. Partout dans le monde, du Danemark au Brésil, des États-Unis à l'Allemagne, quel pur-sang lusitanien n'affiche pas dans ses généalogies, un ancêtre ou même deux, trois ou quatre aïeux de l'une et l'autre famille ? Différemment utilisées, les lignées de Alter et de Fonte Boa, toutes deux émanant du Service national des Haras, appuient leur génétique sur une base historique qui leur a échappé au cours des siècles. Elles n'en restent pas moins des courants de sang à part entière qui jouent un rôle essentiel au sein de la race.

Les Alter

Ni tout à fait lusitanien ni tout à fait espagnol, le cheval de Alter constitue un cas à part (1). Considéré à juste titre comme très éloigné de l'actuel cheval de pur-sang lusitanien, il fait pourtant toujours partie intégrante du stud-book de la race. Et à ce jour, aucune velléité ne semble transparaître d'un côté comme de l'autre pour qu'il s'isole définitivement, en une race propre, dotée de son propre stud-book. Quel statut étrange, en effet, que celui de ce cheval de Alter, si différent du lusitanien, et pourtant admis à pied d'égalité dans son circuit interne de reproduction… Ses influences andalouses récentes et son histoire écrite à deux périodes bien distinctes, distantes de près de deux siècles, lui confèrent une situation unique et séparée du reste du monde lusitanien, une situation tour à tour admirée, respectée ou contestée, par des éleveurs aux vues et positions diverses voire opposées.

Cheval de roi, l'Alter l'a été assurément, bien plus que tous les autres lusitaniens, pendant une courte durée. Officiellement

LA VENTE AUX ENCHÈRES DU 24 AVRIL À ALTER DO CHÃO

Avec un renouvellement annuel de dix pour cent de la jumenterie, la Coudelaria de Alter réforme environ six juments d'âge par an, pour laisser la place aux jeunes poulinières les plus prometteuses. Les vieilles juments remerciées sont alors vendues aux enchères en même temps que les moins bonnes pouliches de trois ou quatre ans, recalées à l'élevage, et les mâles de quatre ans, juste débourrés et refusés par l'École portugaise d'art équestre pour intégrer leur piquet de haute école. Cette vente aux enchères, très courue par les amateurs du genre, se tient chaque année à date fixe et immuable, le 24 avril, veille de la fête nationale autour de la carrière principale de la Coudelaria de Alter, à Alter do Chão. Avec des prix planchers négligeables, elle offre l'occasion à des passionnés peu argentés de pouvoir s'acheter "un bon petit cheval" de loisir. Les plus connaisseurs, au regard pénétrant, pourront même réaliser d'excellentes acquisitions…

créé en 1748 par Dom João V pour fournir ses royales écuries, il est né de l'alliance de cent cinquante juments espagnoles et de quelques étalons portugais. Après avoir manqué disparaître au cours du XIXe siècle, il est recréé par Ruy d'Andrade dans les années vingt, à partir de deux étalons de Alter que le généalogiste avait pris soin de sauver, et d'un troupeau de juments andalouses. Il offre ensuite les fruits de son immense travail de reconstitution, à la Coudelaria de Alter, dépeuplée et exsangue. Aussi, quand, en 1942, elle tombe entre les mains de Salazar, elle annonce ces chiffres désolants : son cheptel, réduit telle une peau de chagrin, se résume à onze juments et trois étalons, Hesitante, Marialva II et Regador, les deux derniers étant acceptés dans la loge très sélecte des six chefs de race actuels. Profitant de ce maigre effectif, Salazar impose la couleur baie au sein de l'élevage, pour bien démarquer les lignées de Alter des autres. Décision pour le moins astucieuse, tant elle marque ses lignées d'une empreinte colorée, dans un univers surtout teinté de gris et de blanc. Cette politique s'est découvert des alliés parmi d'autres grands noms de l'élevage, comme la famille princière Casa Cadaval, ou la Coudelaria Marquês de Graciosa, qui perpétuent, elles aussi, la couleur baie. Plus récemment, depuis quelque vingt-cinq ans, la célèbre Coudelaria Ortigão Costa s'oblige à ne produire que du noir… Le succès était garanti d'avance !

LE PLUS DOUÉ POUR LA HAUTE ÉCOLE

Bien que très brillant et doué pour l'équitation de manège et de haute école, le cheval de Alter a longtemps souffert d'une réputation médiocre due en grande partie à son caractère considéré comme difficile, chaud et ombrageux. « L'influence des militaires sur la race est indéniable » explique le Dr João Costa-Ferreira, directeur du Service national des Haras, et directeur de la Coudelaria de Alter. « Aux mains des militaires des années 40 aux années 70, l'élevage de Alter a dû satisfaire la mode des sports équestres militaires, et a fourni des chevaux de jumping et de concours complet sélectionnés avant tout pour leurs capacités sportives et non selon leurs qualités mentales. » Depuis la fin des secousses révolutionnaires, au tournant des années 80, la Coudelaria de Alter connaît une situation apaisée, qui lui permet de gérer son cheptel suivant une politique devenue raisonnable. Afin de rafraîchir un sang devenu vraiment trop consanguin, elle a acheté quelques étalons étrangers, et a même loué pendant quelque temps, les services du fameux Xaquiro.

Regagnant au fil des jours ses lettres de noblesse, le cheval de Alter reste toutefois un cheval fin et délicat. « Celui qui sait monter un étalon de Alter sait monter n'importe quel autre cheval ! » sourit le Dr João Costa-Ferreira. « Mais est indéniablement le plus chevronné pour le dressage de haute école » conclut-il. Le cheval de Alter ose aujourd'hui afficher en public d'autres aptitudes évidentes, à commencer par le dressage de compétition, comme le prouve l'excellent Rubi, qui, après avoir tourné en 2004 dans les épreuves réservées aux six ans, devrait s'attaquer aux circuits adultes rapidement. Il se pourrait même qu'il s'oriente aussi vers des carrières tauromachiques et d'attelage. Car, si le cheval de Alter est le fournisseur officiel de l'Ecole portugaise d'art équestre, il ne lui est pas exclusivement réservé. Ainsi, certains étalons pourraient bien être confiés à des toreros ou des meneurs, qui les valoriseraient dans ces disciplines

Étalon de Alter posant devant le fer de l'ancien Haras royal, qui, en souvenir de ce passé, a maintenu l'emblème de la couronne.

Poulains de Alter et de Fonte Boa, sur l'île magique d'Azambuja.

nouvelles pour eux. D'autre part, en tant que patrimoine national, il est mis à la disposition des éleveurs, qui peuvent acheter des saillies des étalons de Alter disponibles à la monte. Enfin, il est possible d'acquérir un Alter, mâle ou jument, lors de la fameuse vente aux enchères annuelle, qui se déroule le 24 avril. Le sang de Alter n'est donc pas figé, fixé à Alter do Chão, comme l'apanage de sa Coudelaria. Utilisé avec plus ou moins de bonheur par les éleveurs pour apporter du sang nouveau dans leurs lignées, il se retrouve, lui aussi, inscrit dans bon nombre de papiers lusitaniens, côtoyant les Andrade et Veiga.

Les Fonte Boa

Avec pour vocation première inhérente à tout Haras national étatisé, de soutenir la branche économique de l'élevage équin dans tout le pays, la Coudelaria nacional de Fonte Boa ne se contente pas d'élever des chevaux lusitaniens. Elle s'emploie à proposer aux particuliers et aux éleveurs professionnels un dépôt d'étalons représentatif du panel des races présentes sur le sol portugais. Ainsi recense-t-on aujourd'hui à Fonte Boa, outre les étalons lusitaniens, plusieurs étalons Sorraia, anglo-arabes, pur-sang arabe, pur-sang anglais et un étalon selle français. Seuls les chevaux de Alter ne figurent pas sur cette liste, puisqu'ils sont spécifiquement élevés à Alter do Chão. La Coudelaria nacional peut aussi se targuer d'entretenir une jumenterie conséquente, riche de quelque trente poulinières lusitaniennes, dix juments arabes et quelques mères Sorraia. Ainsi, il naît chaque année à la Quinta de Fonte Boa une quarantaine de poulains !

Fondée en 1887, la Coudelaria nacional réside non loin du cœur de la capitale du Ribatejo, Santarém, dans la propriété de Fonte Boa. Comme la Coudelaria de Alter, elle dépend du Service national des Haras, au ministère de l'Agriculture. En revanche, elle se permet une petite liberté : elle a son propre directeur, actuellement le Dr Mario Barbosa.

Impliquée dans l'élevage lusitanien depuis ses premiers jours, la Coudelaria nacional a pris la suite de l'ancien Haras royal de Portel, héritant aussi son histoire. Depuis la création de la Coudelaria de Alter en 1748, le Haras de Portel s'étant vu destitué de son poste prestigieux d'éleveur pour le compte du roi, il était dorénavant chargé d'élever des chevaux plus ordinaires, pour fournir l'armée.

Aussi, à sa création, la Coudelaria nacional recueille ces lignées plus communes, bien moins aristocratiques que celles de Alter ou, plus tard, celles de Veiga ou Andrade. À tel point que l'on peut lire, même dans des ouvrages de référence, que le cheval portugais élevé à Fonte Boa était un cheval de trait léger destiné à la production mulassière ! Plus tard, au cours du XXe siècle, conscient de sa lourdeur, il aurait été transformé en un cheval de sport plus léger…

Cette description, quoiqu'outrageuse, a le mérite d'être claire. Loin de l'image d'Epinal du beau coursier Veiga, fin et racé, le Fonte Boa servait l'armée, et pour bien le servir, il se devait d'être fort, endurant et résistant. Au diable, donc, les qualités fonctionnelles et esthétiques ! Marqués fortement par ce passé de guerres meurtrières, bien moins reluisant que les souvenirs peut-être rêvés des belles batailles épiques de la Renaissance, du Grand Siècle et des Lumières décidées en costume doré et gants blancs, les lignages CN (Coudelaria national) ont aussi connu leur heure de gloire. Accessibles à tous, car peu chers et toujours disponibles, malgré les cahots du XXe siècle, ils se sont répandus dans toute la race, notamment à l'étranger, avant que celle-ci ne se constitue en stud-book. Aujourd'hui dédaigné par les plus grands éleveurs de pur-sang lusitanien qui le considèrent sans noblesse, le sang de Fonte Boa a pourtant laissé ses marques dans tout le patrimoine génétique lusitanien actuel.

SUR L'ÎLE D'AZAMBUJA

Le Service des Haras nationaux, qui regroupe la Coudelaria nacional et la Coudelaria de Alter, s'il agit pour ses pouliches comme chacun des autres élevages, prend bien moins de précautions pour ses petits mâles, qu'il envoie, au moment du sevrage et pour trois longues années, grandir au Potril d'Azambuja, une île enchantée, quasi-féerique, perdue au milieu du Tage. Avec ses cent soixante-neuf hectares plus ou moins inondables, le Potril d'Azambuja accueille environ quatre-vingt-dix poulains, dont trois ou quatre Sorraia, quatre ou cinq pur-sang arabe, une quarantaine de lusitaniens et une quarantaine de chevaux de Alter. Pendant trois ans, tous goûtent à une liberté totale, plus ou moins heureuse, qu'aucun autre élevage d'importance n'ose tenter. Livrés à eux-mêmes, aux caprices du Tage et aux mains expertes de Lucilio, le campino (1) chargé de veiller au troupeau, ils apprennent rapidement le b.a.-ba d'une hiérarchie fondée essentiellement sur la loi du plus fort. Happés par un chef de groupe âgé (trois ou quatre ans), les poulains se fédèrent en petits groupes de cinq à huit chevaux, et vouent une confiance absolue à leur meneur. Ainsi peut-on voir un Alter de quatre ans diriger un groupe hétéroclite constitué d'un Sorraia d'un an, d'un Alter d'un an, de deux arabes de deux ans, et d'un lusitanien de trois ans !

Au moment où Lucilio lance son premier cri d'appel pour les inciter à rejoindre au plus vite l'aire de rassemblement, équipée de ses nombreuses mangeoires pleines d'un grain appétissant, des épais nuages de poussière s'élèvent de part en part de l'île. À la vitesse d'un cheval au galop, ils encerclent progressivement le point stratégique, jusqu'à l'envahir sans autre forme de procès. Alors seulement, commence-t-on à distinguer, ici une jambe, là, un naseau, là-bas un flanc. Et puis deux encolures, dix têtes, vingt sabots… Les bons vieux westerns d'enfance revivent inexorablement, sans que l'on n'y puisse rien. Les images les plus marquantes des fameux mustangs sauvages ressurgissent d'un passé depuis longtemps oublié. Les premiers frissons domptés, c'est une émotion emplie d'émerveillement qui cède la place à la stupéfaction. Les quelques cent poulains sont là, presque calmes, dévorant littéralement le peu de grains concédés à chacun. Quelques chefs jouent aux caïds, s'emparant de la place d'un plus faible, qui, tête basse, s'en va ailleurs, quémander une petite place pour becqueter les quelques derniers grains qu'un jeune poulain rassasié voudra bien lui laisser. Cette lutte pour la vie, heureusement surveillée et régulée par Lucilio, en laisse cependant certains plutôt très amincis, et d'autres, plutôt bien en chair !

« Repêchés » des bords du Tage dans leur année de quatre ans, les poulains d'Azambuja réintégreront chacun leur coudelaria respective pour être débourrés et mis au travail… Que le choc doit être rude, après trois ans de liberté totale, que le retour à la réalité humaine doit être brutal et inconfortable…

(2) Campino : berger. Définition en annexe p. 202

Lucilio, dans sa barque, traverse le Tage deux fois par jour pour aller s'occuper des quatre-vingt-dix poulains « nationaux » qui habitent l'île d'Azambuja à l'année.

Suberano, fils tonique de Habil, fer Manuel Assunção Coimbra.

Les écuries pimpantes de la Coudelaria Ortigão Costa

Au-delà des quatre courants de sang

Au-delà de ces quatre courants de sang bien établis, il est un dernier courant, indéfinissable, que le Dr João Costa-Ferreira désigne sous le nom générique « autres », qui regroupe les éleveurs d'importance, qui, en quelques décennies d'expérience, ont su à leur tour imposer leurs lignages. Il serait en effet réducteur de limiter la race lusitanienne à ces seules quatre souches fondatrices, sans partir pour un tour d'horizon de ce cinquième groupe, qui, quoique vaste et nébuleux, n'en reste pas moins fondamental pour la race moderne.

Jonglant entre consanguinité et renouvellement du sang, ces élevages de grande renommée jouent même un rôle décisif dans la conservation de la race, puisqu'il leur incombe de gérer au mieux cet équilibre toujours précaire. Car, après tout, le jeu des Veiga, Andrade, Fonte Boa et Alter se déchiffre aisément. Il leur suffit de persévérer dans la voix déjà toute tracée de leurs propres lignages, en entretenant avec finesse et bon sens, le type de la race, par des mariages internes plus ou moins consanguins. Absolument nécessaire à la race, vitale, même, pour conserver au sein de ces quatre familles de base, un type le plus pur possible, cette consanguinité permet de maintenir, de renforcer, d'asseoir les qualités de chacun de ces courants de sang, à condition qu'elle soit contenue. Si on la laisse s'envoler vers des pourcentages vraiment trop élevés, elle peut mettre en péril la stabilité génétique préservée depuis des générations. Exercice de style sans doute plus délicat, le travail des éleveurs autres que Andrade, Veiga, Fonte Boa et Alter ne va pas de soi. Il consiste à apporter souffle et vigueur à la race, en maniant l'art du croisement avec dextérité. Chacun est libre de nouer les alliances qu'il entend, puis de le défaire ou au contraire, de les renforcer.

Aussi, après quelques générations d'une sélection rigoureuse, quelques éleveurs parmi les plus doués parviennent eux-

Bâties pour une utilisation sportive, les poulinières de José Manuel de Mello affichent taille et force.

Xama, Championne de sa classe d'âge en 2004 se repose à la porte de son box. Élevage Pedro Ferraz da Costa.

La fille de Primavera, elle, profite des vertes pâtures. Élevage Carlos Ferreira.

L'ultra-puissant Violino laisse exploser sa force dans la carrière de la Sociedade das Silveiras.

mêmes à créer leurs propres lignages, marqués par quelques caractéristiques spécifiques qu'un taux élevé de consanguinité permet de d'ancrer assez rapidement.

À titre d'exemple, l'élevage Raposo Cordeiro, très marqué par le sang Veiga, a pourtant su laisser, en quarante ans, son empreinte personnelle. Brillant architecte fervent amateur d'art et grand admirateur de Fernando Sommer d'Andrade, Arsénio Raposo Cordeiro est en quête perpétuelle du lusitanien absolu et du modèle parfait. Armé d'une connaissance généalogique infaillible, il travaille sans répit à la recréation de modèles anciens, voire premiers, il cherche ainsi à remonter le fil de l'histoire, jusqu'à prouver par la génétique appliquée, le lien qui pourrait unir le Sorraia au lusitanien.

À Monte de Ravasqueira, José Manuel de Mello, décidé à produire du cheval de sport, élève des lusitaniens grands, forts et charpentés, qu'il sélectionne, au-delà de toute considération de fonctionnalité, surtout pour la qualité de leurs membres et de leur dos.

Cousin de la famille Veiga, Manuel da Assunção Coimbra a su imprimer son nom sur les lignées Veiga qu'il élève, qui puisent leurs origines lointaines, il y a cent ans, dans le croisement de juments du Marquis Castelo Maior et d'étalons Veiga.

À Azambuja, le long du Tage, Luís Ortigão Costa a décidé voici plus de vingt-cinq ans, de n'élever que des lusitaniens à robe noire. Casa Cadaval se réserve les robes baies, comme la Coudelaria Marquês de Graciosa.

Il est impossible d'évoquer dans le détail tous les éleveurs d'importance (1). Mais comment ne pas citer, au moins, quelques grands noms, comme la Coudelaria Romão Tavares (Manuel Francisco Moura Tavares), la Coudelaria Oliveira y Sousa, la Coudelaria Ervideira, la Coudelaria Infante de Camara, La Coudelaria Barata Freixo, la Herdade Casquinha, la Herdade Menezes... dont l'ancienneté des lignées et leur qualité ont contribué, aux côtés des familles Veiga et d'Andrade, et des Coudelarias de Alter et de Fonte Boa, à forger le cheval lusitanien moderne.

Le tableau ne serait pas complet si l'on ne mentionnait pas, non plus, quelques-uns des élevages assez récents, qui, tous ont déjà prouvé le sérieux de leur travail et de leurs sélections, en présentant des produits remarquables, résultant de leurs lignées qui commencent à faire leurs preuves. Piedade et Luís Pidwell (Coudelaria Santa Margarida), Manuel Braga (Sociedade das Silveiras), Vasco Freire, João Pedro Rodrigues, Paulo Caetano, Miguel Felix da Costa, Dr Pedro Ferraz da Costa, Dom Estevam de Lancastre, Manoel Vinhas et Mario Vinhas, la Fundação Eugénio de Almeida... et tant d'autres éleveurs achèvent de tisser la toile de l'élevage lusitanien, aujourd'hui si dense et forte d'une richesse génétique unique.

Valioso à un an, affiche un profil sculptural. Coudelaria Ortigão Costa.

(1) **Les élevages sont situés sur la carte du sud du Portugal, en annexe p. 200**

Harmonieux troupeau
de juments dans les prés
du Dr. Carlos Ferreira.

IV

LES SECRETS DE L'ÉLEVAGE LUSITANIEN

Indispensable à la pérennité des élevages, les retenues d'eau ponctuent un paysage asséché par le soleil violent de l'Alentejo. Une jument de l'élevage Pedro Ferraz da Costa vient se rafraîchir.

Au sud du Tage

Tableau né des mains d'un maître assurément génial, le sud du Portugal offre à ses amoureux une palette de couleurs toutes d'une rare intensité. Vert émeraude en fin d'hiver, les immensités des pâtures se teignent, délicatement, aux premières lueurs printanières, d'un jade sombre, profond et majestueux, serti de coquelicots aux reflets rubis, de bleuets irisés de saphirs, et de colzas sauvages aux nuances des plus belles topazes.

Et puis soudain le choc. Tout passe. Jaunes, bleus, rouges, verts disparaissent en une semaine peut-être, dix jours, au maximum, pour s'effacer devant l'or. Et voilà l'été, qui, sans prévenir personne, s'invite bien avant la date officielle. Dès la fin mai, il repeint sans scrupule la toile verdoyante et recouvre de ses dorures baroques, au gré des derniers nuages, ça et là, les champs de chênes liège et d'oliviers. L'or est partout, tout le temps, associé à une chaleur torride et sèche qui rappelle celles de l'Afrique. Après tout, Tanger la Marocaine n'est même pas à 300 km à vol d'oiseau… Et les gigantesques propriétés qui signent l'âme du Sud reflètent une image un peu ancienne, peut-être désuète ou tout simplement très féodale d'un système encore fortement rural. Noyées au milieu de milliers d'hectares, elles s'affirment avec plus de mille hectares pour la plupart, certaines cotant les trois mille ou dix mille hectares ou plus encore. Comment ne pas évoquer, d'ailleurs, la propriété d'État, Companhia das Lezírias **(1)**, installée dans le Ribatejo sur plus de vingt-cinq mille hectares

(1) Lezírias signifie en portugais « bords inondables ». Ce mot est fréquemment employé par et pour toutes les propriétés agricoles qui bordent le Tage, dont les terres sont (plus ou moins) inondables ou non. Toutes, aujourd'hui, bénéficient des techniques d'irrigation modernes et de la proximité du fleuve pour arroser leurs pâtures comme si elles étaient inondées en hiver.

Les vertes plaines irriguées du Ribatejo contrastent avec les couleurs dorées estivales de l'Alentejo. Ici, Jeannette Jenny et Jorge Sousa sur les chemins parmi les rizières de la Companhia das Lezírias avec Rodopio et Quazar.

Paysage typique des étés de l'Alentejo. L'un des lots de poulinières du Dr pedro Ferraz da Costa se laisse mener par son étalon, Esquivo, après s'être abreuvé dans le lac.

(25 000 !) ? Fournisseuse de blé, d'olives, de liège et de vin, la Companhia das Lezírias produit aussi la plupart du riz portugais, grâce à ses rizières irriguées pompant l'eau du Tage qui passe au bord de ses terres.

Plus loin, ignorés du fleuve prodigue qui remonte vers le Nord, les domaines aux espaces infinis de l'Alentejo se gorgent, faute d'eau à gogo, de leurs chênes-liège et de leurs oliviers, et plus rarement de leurs vignes, au vin chaleureux, fruité et ensoleillé.

DES PRAIRIES À L'OMBRE DES CHÊNES-LIÈGE ET DES OLIVIERS

Parsemés au gré du vent, ces chênes insolites et ces oliviers prolifiques laissent, à leurs pieds, assez de pâtures, vertes ou dorées suivant la saison, pour pouvoir y lâcher les troupeaux. Alloties en herbage de quatre cents à huit cents hectares chacune, elles offrent, presque tout au long de l'année, une nourriture assez riche pour satisfaire l'appétit et les besoins nutritionnels des races lusitaniennes, tant bovines qu'équines. Composées pour l'essentiel de graminées et de céréales sauvages (blé, orge, colza, avoine…), ces prairies sont extrêmement nourrissantes en fin d'hiver et au début du printemps, et le restent encore, dans une bien moindre mesure, jusqu'à la fin juin ou la mi-juillet en fonction des années. Au-delà, il importe de donner de l'aliment complet et du foin pour complémenter une alimentation qui tend à s'appauvrir beaucoup à la fin de l'été. Cette généralité se doit toutefois d'être nuancée. La qualité, la quantité et la durée de la complémentation de la nourriture des troupeaux laissés aux champs dépend de plusieurs facteurs : la dimension des espaces mis à la disposition des chevaux et taureaux (des superficies de moins de cent hectares ne peuvent pas nourrir, même au printemps, un troupeau de cinquante têtes) ; la qualité de leurs herbages définie en fonction de la qualité du sol (apport naturel en vitamines, oligo-éléments et minéraux) ; et leur irrigation au moins partielle, qui permet de maintenir, toute l'année, une qualité nutritionnelle intéressante.

DE L'IMPORTANCE DE L'IRRIGATION

Même au bord du Tage, la gestion de l'eau reste une préoccupation vitale pour tous les éleveurs et propriétaires terriens. Car le sud du Portugal, s'il connaît un hiver relativement pluvieux, du moins assez humide, se voit privé d'eau, totalement, pendant quatre mois, de la mi-mai à la mi-septembre.

(2) Magnifique forteresse du XIIIe et XIVe siècles dressée en haut du seul piton rocheux de toute la région Est d'Évora, Monsaraz surveillait d'un œil la très proche frontière espagnole et de l'autre, épiait les envahisseurs Maures et Sarrasins. Le plus beau village du Portugal a aussi la chance de posséder des vignobles très réputés (AOC de Monsaraz, de Reguengos, et Espero).

Dès la fin du printemps, juments et poulains viennent s'alimenter aux râteliers pour combler le déficit d'une herbe sèche et pauvre. Élevage Pedro Ferraz da Costa.

Asséché, assoiffé, il n'a d'autres solutions pour pouvoir s'abreuver à l'année, que d'inonder les vallées, même les plus petites, les transformant en réservoirs semi-naturels, que seuls des murs de barrage défendent. Aussi, la carte de l'Alentejo est-elle saupoudrée de lacs privés ou publics, aux dimensions diverses, dont le plus impressionnant est sans aucun doute celui qui court en lacets aux pieds de Monsa-raz **(2)**. Ces bassins lorsqu'ils sont bien gérés, permettent d'irriguer des centaines d'hectares de maïs et de pacages, les transformant en oasis luxuriantes, même en plein cœur de l'été.

Plus à l'Ouest, dans le Ribatejo ou l'Estremadura, l'eau se fait moins désirer. Il suffit de la pomper dans le Tage, le Sorraia, ou le Sado. En revanche, la proximité de Lisbonne et de son couloir industriel le long du Tage a fait gonfler les prix de l'immobilier de façon démesurée, et les éleveurs, pour la plupart, ne possèdent pas d'étendues aussi vastes que celles que l'on peut trouver au fond de l'Alentejo. Aussi est-il essentiel, pour eux, d'irriguer avec les méthodes les plus modernes, des pâtures somme toute assez restreintes, qui, même si elles sont assistées par une complémentation adaptée, doivent héberger et nourrir des dizaines d'animaux.

Le bon compromis semble avoir été trouvé par les éleveurs les plus fortunés qui partagent leurs temps et leurs troupeaux, entre deux propriétés (ou plus) : l'une, souvent de taille raisonnable, dans les larges environs de Lisbonne, qui abrite principalement les juments à la saillie, les poulains sevrés qu'il faut suivre de près dans leur première année, les chevaux au débourrage… ; l'autre, bien plus vaste, en Alentejo, qui, accueille en semi-liberté, la jumenterie pleine et suitée, les poulains et pouliches de deux et trois ans.

DANS LE RESPECT DES TRADITIONS

Si l'élevage du cheval lusitanien a tout l'air d'un élevage naturel, rustique et extensif, il n'en est pas moins étroitement surveillé, précieusement chéri et respecté, et sévèrement régi par des modes de fonctionnements que les siècles d'expérience et de bon sens ont codifiés.

Trésor personnel très estimé qui se transmet de génération en génération au fil des legs et successions, le cheval lusitanien traduit, pour beaucoup d'éleveurs héritiers, la continuité des traditions portugaises, la continuité de leurs propres traditions familiales, si chères à leurs cœurs. Pour tous les autres, nombreux désormais, qui ont su se lancer voici quelques années dans le monde délicat de l'élevage, le lusitanien est un bijou rare qu'il importe de conserver, et même d'embellir peut-être davantage. Dans tous les cas, il se mérite. Assurément.

Aussi, ressent-on, chez tous, une fierté infinie, vigoureusement ancrée au plus profond d'eux-mêmes, à faire naître, faire grandir, faire reproduire, faire pouliner, faire travailler cet animal si noble qui exprime à leurs yeux toute leur Histoire.

Pour mener à bien leur passion, les éleveurs ou leurs responsables consacrent temps et énergie à suivre de très près l'évolution de leur cheptel. Et malgré les dimensions presque insensées de certaines coudelarias, ils font le tour des pâtures quotidiennement, dans des 4x4 puissants, qui leur permettent de naviguer dans les champs vallonnés et accidentés, piégés de pierres, de souches d'arbres, de trous et de bosses aléatoires. Ils vérifient ainsi l'état des clôtures, des pare-feu, des puits et abreuvoirs, observent minutieusement les jeunes troupeaux et les lots de poulinières, et contrôlent le bon déroulement des naissances, la bonne santé des derniers-nés, celle des poulains sous la mère et celle des mères… Laissées en liberté dans les pâtures pour pouliner seules, les juments lusitaniennes prouvent leur rusticité légendaire et leur étonnante résistance par rapport à leurs congénères modernes, aux ronflants papiers de sport, qui ont besoin, pour mettre bas sans incidents, d'un grand box et d'une assistance vétérinaire. « Concernant notre race, le taux d'accidents augmente de façon notoire lorsque nous tentons de rentrer nos poulinières aux écuries pour les faire pouliner. » explique João Pedro Caleia, responsable du cheptel équin de la Coudelaria Or-tigão Costa. « Coupées de leur rythme de vie, éloignées de leur troupeau, elles s'inquiètent et stressent au point de provoquer des complications plus ou moins graves, d'ordinaire toujours évitées lorsqu'elles sont en liberté. »

L'INSÉMINATION ARTIFICIELLE MISE EN DOUTE

L'étalon, lui aussi, gagne quelques mois de grands espaces, à vivre auprès de ses juments. Car même si l'insémination artificielle a été autorisée en 2004, elle est encore bien loin d'être entrée dans les mœurs. Bouleversement des mentalités enracinées, chamboulement des habitudes séculaires, l'insémination artificielle fait peur, dérange, remet en question. Force est d'admettre qu'elle ouvre grand les portes du marché des étalons, les mettant en concurrence sévère, d'un bout à l'autre de la terre. Un étalon brésilien pourra désormais saillir à distance des juments portugaises, tandis qu'un étalon portugais pourra « remplir » des juments françaises ou allemandes, sans même se déplacer… Assez rares sont les éleveurs portugais qui déclarent voir dans ces échanges un quelconque intérêt. Au contraire, beaucoup préfèrent ignorer encore l'utilisation de sperme réfrigéré ou conditionné en paillettes congelées, pour continuer à pratiquer assidûment la monte naturelle en main pour leurs étalons mis au travail et montés tous les jours, et à réserver la monte en liberté aux étalons âgés ou réformés. Jusqu'à quand ?

DES POULAINS PRÉCOCES POUR RÉPONDRE AUX IMPÉRATIFS DES CONCOURS

Nés avant les beaux jours, les poulains découvrent la vie la plupart du temps entre février et mars, soit pendant les mois les plus humides. Mis à rude épreuve dès leur plus jeune âge par un climat peu clément, ils pourront cependant profiter des mois les plus prospères (avril et mai) pour apprendre à préférer la belle herbe au lait maternel. Sevrés au mois de juin afin de soulager leur mère pendant les grosses chaleurs d'été, les plus précoces n'ont même pas encore fêté leur demi-année… Quant aux retardataires, séparés de leur mère prématurément, il leur faudra se battre pour prouver qu'ils ont vraiment envie de vivre. Si elles peuvent surprendre, les naissances avancées, entre février et mars, sont devenues pratique courante. Désormais, un poulain né en avril est considéré comme tardif. Plusieurs rai-

Xistoso, puissant poulain d'un an, apprend le dur métier de la présentation en main, non sans quelques tentatives de rébellion ! Élevage du Dr Pedro Ferraz da Costa.

Un campino de la Coudelaria Raposo Cordeiro, en costume traditionnel portugais, et son berger d'Alentejo, de race Rafaelo.

Jolie poulinière de la Sociedade das Silveiras.

sons sont à donner à ce phénomène. D'une part, les juments qui poulinent en hiver peuvent s'alimenter d'une herbe riche, qui leur permettra de fournir du lait suffisamment nourrissant sans trop se fatiguer elles-mêmes. D'autre part, le système de concours d'élevage (modèle et allures) dont la finale se joue en juin, lors du Festival international du pur-sang lusitanien, incite les éleveurs à présenter des poulains les plus précoces possible. En effet, un poulain né début février (et même en janvier dans les cas extrêmes) et un poulain né à la fin juin de la même année seront appelés à concourir dans les mêmes épreuves, quand le retard morphologique du second par rapport au premier pourra se déceler jusqu'à ses cinq ans révolus, voire six !
Dès le sevrage, les poulains sont séparés des pouliches. Ils gagnent chacun des pâtures isolées des poulinières qui pourraient les rappeler à elles . Et, suivant les coudelarias, ils peuvent déjà rejoindre le groupe mâle ou femelle des deux ans. D'autres élevages préfèrent les laisser séparés des « grands », le temps de leur première année, pour les regrouper par la suite, à l'âge de deux ans, avec les trois ans. Rarement, en revanche, pour des raisons de conflits, bagarres et luttes d'influence trop violentes pour des petits jeunes de moins d'un an, trouve-t-on des lots mélangeant des poulains tout juste sevrés à des poulains de deux et trois ans.
Quant aux pouliches, il n'est pas rare qu'entre deux et trois ans, une fois définitivement libérées de leur relation maternelle, elles réintègrent le lot des poulinières, afin que, naturellement et par mimétisme, leur cycle hormonal se déclenche au rythme des plus expérimentées.

DES CHEPTELS DE TAILLE RAISONNABLE

« Il est important de bien connaître chacune de ses juments et chacun de ses descendants pour pouvoir maintenir un élevage de qualité. » explique le Dr Ferraz da Costa. « Pour ma part, dès que je ne reconnais plus mes poulains, dès que j'ai un doute sur leur filiation, je sais que mon cheptel est trop important, et je cesse de l'augmenter. Et j'ai constaté que ce point d'équilibre, pour moi, correspondait à vingt poulinières ; vingt-deux, vingt-trois au maximum. » Comme le président de l'A.P.S.L., et pour les mêmes raisons, la plupart des éleveurs se satisfont de quinze à vingt poulinières. Et rares sont ceux qui dépassent le chiffre fatidique de vingt-cinq juments à l'élevage. Évidemment, les exceptions confirment la règle et il serait erroné de ne pas citer deux élevages parmi les plus importants du Portugal, la coudelaria Ortigão Costa et la coudelaria Raposo Cordeiro, qui, chacune, comptent, plus de cinquante juments. Dans un but commercial affirmé pour l'une ou un but scientifique avéré pour l'autre, elles semblent gérer avec talent des jumenteries tout à la fois nombreuses et de qualité.

En représentation ou à la maison, toutes les juments et pouliches sont toilettées et tondues régulièrement pour une question d'hygiène et d'esthétique. La crinière bien rasée permet de faire ressortir le galbe de l'encolure.

Les soins spécifiques

Méthode pratiquée dans toute la Péninsule ibérique, la tonte systématique des crins des très jeunes poulains tant lusitaniens qu'espagnols leur confère une silhouette dénudée très particulière qui surprend l'œil non familiarisé. Encore solidement ancrés aux tétines de leur mère, à peine gaillards sur leurs longues jambes frêles, les presque nouveaux-nés découvrent brusquement, lors de leur toute première tonte, les pratiques de l'homme, au cours d'un baptême traditionnel un peu brutal, mais essentiel pour leur bonne santé. Attrapés un à un, ils passent tour à tour un mauvais petit quart d'heure, surprenant et bruyant, qui les laissent comme nus, et qui, pourtant, leur offrira deux récompenses bien au-delà des seuls effets de mode. D'une part, pour les mâles, le luxe de se payer plus tard, quand elles auront enfin le droit de pousser, une crinière et une queue aux crins abondants, longs et épais, car revigorés par les tontes successives. D'autre part, pour tous, le confort de se voir bouder des parasites, tiques, moustiques, mouches et œufs de mouches, insectes en tout genre et autres nuisibles, particulièrement friands des pays chauds et des pâtures du sud du Portugal et de l'Andalousie, et qui affichent un goût marqué pour les crins longs et peu entretenus pour venir se rassasier en toute tranquillité.

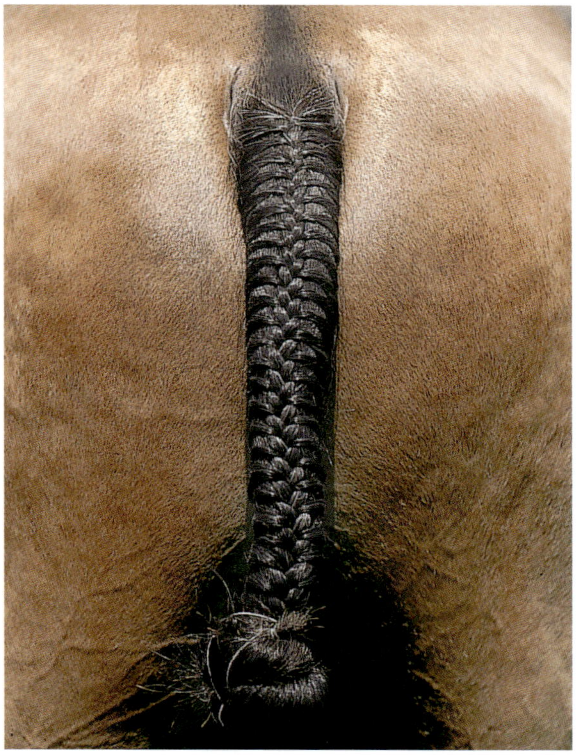

Chez le mâle adulte, la queue est tressée et nouée pour qu'elle ne gêne pas au travail.

L'OLIVE, SON HUILE ET SES VERTUS

Au même titre que toute l'Europe méditerranéenne (Italie, Espagne, Provence et Côte d'Azur françaises, Grèce, Crète et Chypre) le Portugal produit avec talent de l'excellente huile d'olive.
Grand consommateur de cette huile au goût et aux vertus uniques, le Portugal connaît aujourd'hui une crise de sous-production de son or vert et noir, au point qu'il est obligé d'en importer d'Espagne pour satisfaire une consommation interne quasi-hallucinante. Quant au phénomène de mode qui envahit le monde entier de la Norvège jusqu'au Japon fou de cette huile « miracle », les Portugais devraient pouvoir en profiter, au moins indirectement, ne serait-ce que sur la flambée des prix provoquée par le marché asiatique.

TONTE ET SOIN DES CRINS

Mesure d'hygiène donc, la tonte est indispensable à tout sujet qui vit à l'élevage, en liberté plus ou moins surveillée, dans les immenses espaces grillés par le soleil de plomb. C'est pourquoi la gente équine féminine arbore toute sa vie la crinière courte. Seule coquetterie que les poulinières s'octroient en grandissant : le port de la queue longue ou mi-longue. En effet, rasés totalement jusqu'à l'aube de leur second printemps, les crins de la queue gagnent alors le droit de pousser, comme gage de maturité, dans la mesure où la base de la queue, nid préféré des parasites et insectes, elle, restera toujours tondue.
Quant aux mâles, destinés à travailler et à vivre en box dès leur trois ou quatre bougies soufflées, ils pourront porter les crins longs, et même, les plus longs possible. Aussi cesse-t-on de les tondre au-delà d'un an, afin que plus tard, une fois débourrés, ils apparaissent sous la selle avec des crins présentables, si possible coiffés en une tresse portugaise épaisse (qui ressemble fort à la tresse africaine utilisée en coiffure), une tresse qu'on dédoublera éventuellement en deux tresses de part et d'autre de l'encolure si la masse de la crinière est trop importante.
Particulièrement seyante et appropriée aux encolures fortes, rondes et musclées, la tresse portugaise sait mettre en valeur les lignes gracieuses du cheval lusitanien, surtout quand son effet est soutenu par la tresse et le nœud de queue, qui, eux, dessinent les lignes bien pleines des croupes les mieux faites. Là encore élaboré dans un but premier tout autre que l'esthétique, ce nœud de queue s'impose comme une sécurité à tous les chevaux de travail, qui partent aux champs ou dans l'arène, trier et tester les vaches et taureaux, afin que les garrochas des cavaliers et campinos, et les cornes des bovins ne se prennent pas dans les crins longs. De l'autre côté de la frontière, les Andalous ont préféré à cette astuce, une autre tactique : couper la queue des chevaux de travail au ras des dernières vertèbres caudales, lui donnant ainsi un petit air de plumeau.

Troupeau de jeunes mâles d'un et deux ans en train de se désaltérer dans les prés de Monte de Ravasqueira.

"PUÇAGE"

Attrapés vers leur quatrième mois, pendant les derniers jours passés sous leur mère, les poulains sont « pucés » par le vétérinaire. Il procède à une injection sans douleur, sous les muscles peaussiers de l'encolure, d'un transpondeur électronique, plus couramment appelé « puce ».

Rendue obligatoire au Portugal pour tous les animaux à naître à partir de 2005, cette puce constitue une véritable avancée technologique, puisqu'à long terme, elle devrait contenir toutes les informations vétérinaires et remplacer les carnets de santé des animaux. Aujourd'hui elle se contente, grâce à un lecteur électronique que l'on passe le long de l'encolure, de délivrer un numéro identificateur officiel, qui renforce le rôle des chiffres maison, marqués au fer sur l'épaule ou l'encolure. Et surtout, elle aide les éleveurs à repérer les poulains pendant la période critique qui sépare le sevrage du marquage ! Parmi les plus empressés à adopter la puce, les éleveurs de lusitaniens à robe de couleur unique, s'en sont montrés friands, comme la Coudelaria Ortigão Costa, qui, grâce à une sélection sévère opérée depuis près de trente ans, ne produit essentiellement que des chevaux noirs. « Indéniablement, le transpondeur électronique a simplifié notre travail, et a permis de limiter les erreurs » explique João Pedro Caleia, responsable de l'élevage Ortigão Costa. « Tant qu'ils sont sous la mère, il est relativement aisé d'authentifier les poulains, car nous connaissons toutes nos juments. Mais une fois sevrés et répartis en lots de 20 à 25 pouliches et 20 à 25 poulains presque tous noirs, le jeu s'annonce autrement plus complexe ! Avant l'arrivée de la puce, pour les reconnaître, nous leur mettions un collier numéroté du chiffre que nous allions, par la suite, marquer au fer à l'épaule ou l'encolure. »

Six à sept mois après l'injection du transpondeur, les poulains sont marqués au fer. La puce se voit destituée de sa principale fonction. Elle signe alors, à vie, pour un petit rôle discret de juge de paix officiel, tandis que les numéros portés à l'encolure ou l'épaule viennent la relayer, affichant une lisibilité immédiate, pratique et rapide.

MARQUAGE

Signature indélébile des éleveurs à tous leurs cheptels, le fer apposé sur la cuisse des chevaux et des taureaux permet en un seul coup d'œil d'identifier, sans appel, le seau de chaque naisseur.

Pratique ancestrale visant à limiter le vol du bétail et à authentifier un animal, le marquage au fer rouge est une coutume trop fermement ancrée dans les mentalités portugaises et espagnoles pour qu'elle cède aux pressions de Bruxelles, visant à l'interdire. D'ailleurs chaque fer, considéré comme une marque officielle et reconnue, doit être enregistré au Ministère de l'Agriculture, moyennant finance. Et il n'est pas rare, même, qu'un éleveur dépose deux fers, le premier, réservé généralement aux chevaux lusitaniens et aux taureaux bravos, le second destiné aux chevaux cruzados afin de bien marquer la différence entre les pur-sang et les « bâtards ».

La journée consacrée au marquage constitue toujours un moment riche en émotions, tant pour l'éleveur et ses acolytes, que pour les jeunes poulains. Pratiqué toujours en hiver (entre janvier et début mars) pour éviter les risques d'infections que provoquerait la présence des mouches en été, le marquage s'opère sur des poulains qui, pour la plupart, n'ont pas encore fêté leur premier printemps. Vivant en troupeau depuis plus de six mois, ils sont à un âge timide, sauvageon, où il fait bon de rester groupé. Il leur faudra pourtant se plier aux exigences des coutumes les plus nécessaires et accepter l'isolement dans le goulet d'étranglement du corral, l'espace d'un instant marquant. En effet, la plupart des éleveurs profitent du marquage pour réaliser, avec l'assistance du vétérinaire, les soins élémentaires. Ainsi, les poulains sont vermifugés, vitaminés, vaccinés, prélevés (1), et enfin, marqués en deux endroits ! La cuisse droite, la gauche de temps en temps pour les pouliches, est signée du fer de l'éleveur, tandis que l'encolure pour les mâles, ou l'épaule pour les femelles, se voit attribuée un numéro composé de deux ou trois chiffres, suivant l'ancienneté et la taille de l'élevage. Un même numéro peut être redonné dès lors qu'il est laissé libre par la mort de celui qui le portait.

Pour mettre un terme à toutes les velléités d'infections que pourraient provoquer les brûlures, on badigeonne les plaies d'une huile épaisse, qui protègera la peau pendant quelques jours et lui permettra de cicatriser en restant souple. Toutes les opérations menées à bien, le poulain est alors récompensé d'une liberté retrouvée, le plus souvent, à plein galop. À moins qu'il ne soit sélectionné parmi les meilleurs de sa coudelaria pour aller concourir en épreuves de modèle et allures, il devrait en avoir fini avec l'homme pour un petit moment !

(1) Le prélèvement sanguin, imposé par l'A.P.S.L., permet de valider les filiations et d'ôter tout doute de paternité.

Signes extérieurs d'agressivité chez cette jument, qui manifestement défend son poulain. Elle arbore une toilette parfaite, obligatoire pour se présenter au Festival international du pur-sang lusitanien.

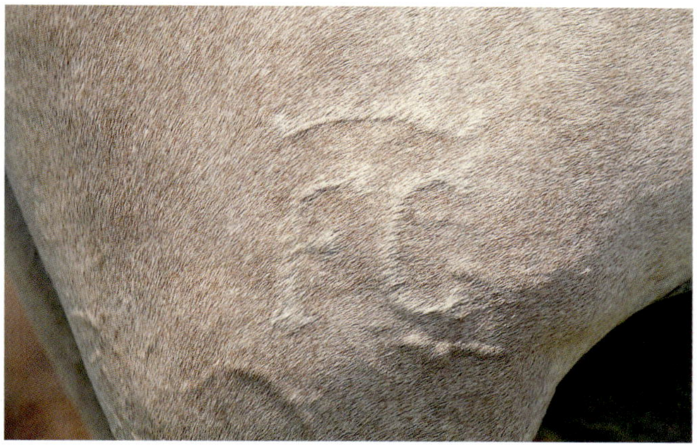
Marque sur la cuisse droite du fer de la Coudelaria Felix da Costa

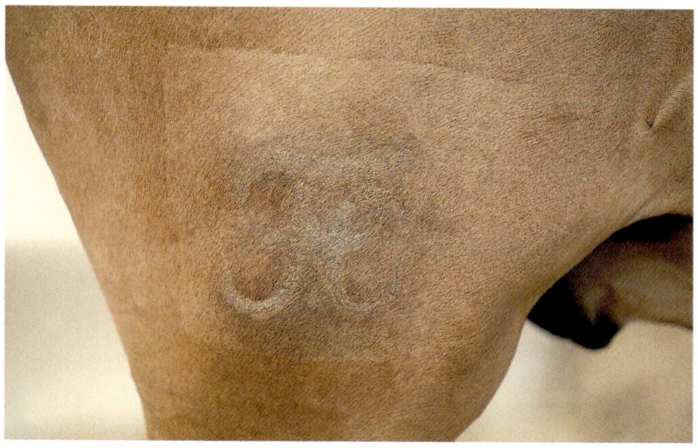
Mêmes initiales pour un fer différent : l'élevage Pedro Ferraz da Costa.

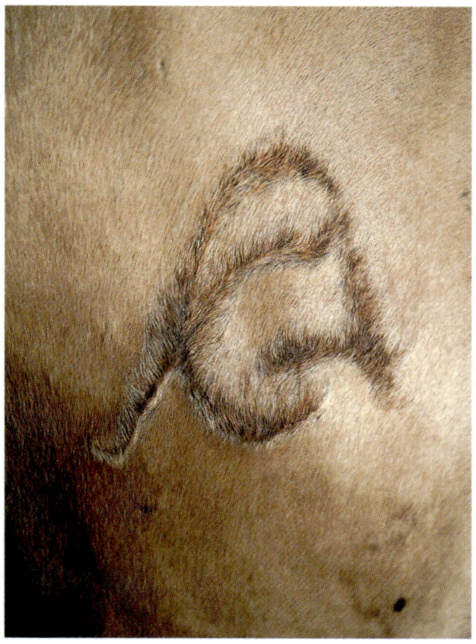
La marque de la Coudelaria Santa Margarida qui entremêle un L et P désigne le nom de ses éleveurs : Luis et Piedade Pidwell.

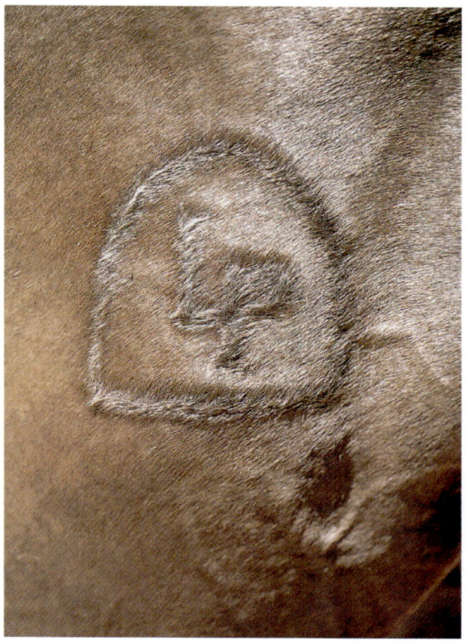
Fer de Manuel Assunção Coimbra.

Le fer de l'élevage Pedro Ferraz da Costa, et quelques chiffres, qui servent à marquer les jeunes poulains. nom de ses éleveurs : Luis et Piedade Pidwell.

La marque de Paulo Caetano, apposée ici sur le bois de ses écuries.

Primavera de l'élevage
du Dr Carlos Ferreira.

Une jumenterie sous haute surveillance

Système machiste ou après tout, peut-être, extrêmement féministe, l'élevage lusitanien maintient les juments cantonnées à leur seul rôle de mères, reconnaissant de fait, mais sans l'avouer trop fort, l'importance primordiale des lignées maternelles dans la réussite d'un bon élevage.
Discipline noble réservée à l'élite lusitanienne, l'élevage s'adresse exclusivement aux juments les meilleures, les plus belles, les mieux faites, les plus fonctionnelles, les plus sensibles, et à celles qui sauront transmettre assurément la qualité de leur lignée c'est-à-dire leur patrimoine génétique sélectionné scrupuleusement depuis des générations. Les autres, moins bonnes ou moins intéressantes génétiquement, sont écartées du système de reproduction. Réorientées, elles peuvent être vendues à d'autres éleveurs ou vendues à des amateurs éclairés, friands d'une équitation de loisir. Certaines partent même travailler aux champs avec les campinos, ou sont essayées à l'attelage. Parfois, il arrive qu'elles prouvent de telles aptitudes au travail qu'elles gagnent leur billet de retour pour revenir à l'élevage !

Multi-médaillés dans le circuit international d'équitation de travail, la jument Navalha et Ricardo Moura Tavares s'entraînent dans les champs du domaine familial.

Multi-médaillés dans le circuit international d'équitation de travail, la jument Navalha et Ricardo Moura Tavares s'entraînent dans les champs du domaine familial.

DES JUMENTS RECYCLÉES...

Quant à certains élevages, les plus traditionnels et les plus réputés, convaincus de l'importance de maintenir en vase clos leurs propres lignées maternelles anciennes, ils se refusent tout simplement à vendre ou à recycler hors de chez eux les juments déclarées inintéressantes à la reproduction. Aussitôt réformées, elles partent donc à l'engraissement pour rejoindre le circuit de la boucherie… Un mal pour un bien ? Sans doute. Sélection rude et dure, cette méthode sans appel a permis indéniablement une amélioration rapide et efficace de la race, évitant un éparpillement dangereux des juments les moins désirables dans des élevages décidément trop pressés ou trop désargentés, ou dans des élevages étrangers trop avides de se fournir dans le berceau d'origine, à n'importe quel prix, même à celui de la médiocrité.

Quoi qu'il en soit, si elle a été utile à la race lusitanienne (comme à nos races de chevaux de trait en France, sauvées paradoxalement par l'industrie de la viande), la boucherie n'est peut-être plus le système le plus adapté à l'élevage moderne. Avec une jumenterie globale de très grande qualité, l'élevage lusitanien actuel est, d'une part, en mesure de fournir aux pays étrangers fervents demandeurs de très bonnes juments d'élevage sans lui-même se mettre en danger de carence ou de concurrence. D'autre part, il lui serait possible d'envisager un recyclage plus systématique des juments refusées à l'élevage pour une équitation de loisir de plus en plus à la mode. Tourisme équestre, balades, et même équitation de travail et dressage, qui, lorsqu'elles sont pratiquées pour le plaisir, à petit niveau et niveau intermédiaire, ne nécessitent pas des cracks à plus de cent mille euros !

... AUX JUMENTS RECONNUES POULINIÈRES...

Même si les pouliches sont déjà bien connues et évaluées avec justesse par leurs éleveurs avant leur troisième printemps, c'est autour de leur quatrième année que s'opérera la sélection définitive, entre celles qui seront destinées à l'élevage, et celles qui seront vendues. Manipulées souvent depuis leur tendre jeunesse, pour participer à des concours, foires et salons, elles ont pu montrer d'excellentes aptitudes en main. Mais rien ne laisse présager qu'une fois sous la selle, elles sauront maintenir la qualité de leur déplacement, de leur flexibilité, la force de leur dos, leur bon caractère… Aussi importe-t-il de les monter ne serait-ce que quelques mois, pour juger de leurs réelles capacités.

Et c'est dans leur quatrième année, période transitoire entre la jeune enfance et l'adolescence qu'elles sont, la plupart du temps, débourrées, dressées et mises au travail, le temps de les tester. Discours théorique aux accents parfaits soutenu par tous les éleveurs, il n'est malheureusement pas si souvent appliqué dans la réalité. Entre la saison de monte à assurer, les poulinages à surveiller, la jumenterie à inspecter, les lots de poulains à suivre de près, les soins quotidiens à effectuer, les tontes régulières à entretenir, les concours d'élevage à préparer…,

Douée pour le dressage de compétition, Sigonha (fer Pedro Ferraz da Costa) fait ses premières armes au niveau international sous la selle de Miguel Nuno Ralão Duarte.Lors du Festival international du pur-sang lusitanien 2004, elle remporte la classe des juments montées.

Vistosa, la grande Championne du Festival international 2004, dans la carrière de la Sociedade das Silveiras.

le travail ne manque pas dans les coudelarias. Et naturellement, les éleveurs et leurs responsables donnent la priorité à la préparation en main des poulains et des juments suitées, et au débourrage des jeunes mâles, reléguant celui des juments aux calendes grecques !

... VIA LES JUMENTS DE SPORT

Les meilleures pouliches étant d'office mises à la reproduction, rares sont celles qui s'offrent le luxe de conter fleurette aux étalons, sur les terrains de concours, dans le cadre d'une carrière sportive. Si quelques-unes se font remarquer en compétition, dérobant les performances et victoires aux mâles, c'est bien parce que, la plupart du temps, des problèmes hormonaux ou gynécologiques les rendent stériles. Inutiles à l'élevage, mais bien trop bonnes pour être réformées en jument de viande ou de loisirs, elles peuvent entamer une nouvelle vie dans le circuit des compétitions, sans avoir à rougir de leurs compétences. Les trois juments dépeintes ci-dessous illustrent absolument, chacune dans une discipline différente, ce phénomène.

Navalha sublime sculpture vivante dont la robe gris pâle évoque étrangement la pierre, est montée par Ricardo Moura Tavares en équitation de travail. Le couple connaît une carrière sans pareil puisqu'il cumule deux titres de vice-champion d'Europe en individuel, deux autres de champion d'Europe et un de champion du monde par équipe, ainsi qu'une quatrième place en individuel aux championnats du monde. Née en 1994 à l'élevage familial, la Coudelaria Romão Tavares, Navalha reprend avec succès et fierté, le flambeau étincelant que ses aïeux (Primavera,

LE LIÈGE, SON CHÊNE ET SES BOUCHONS

Détachée de son tronc tous les neuf ans, l'écorce du chêne-liège est destinée essentiellement à la fabrication des bouchons de bouteilles de vins et de champagnes. Seul producteur mondial d'importance (le Sud de l'Espagne et le Nord du Maroc en produisent un peu également) le sud du Portugal vit au rythme nonchalant des coupes du liège, un rythme qui l'oblige à parcelliser ses terrains en lots suffisamment nombreux pour satisfaire ces cycles peu rentables car quasi décennaux. Chaque chêne alloti, une fois récolté, est alors marqué à la peinture d'un chiffre qui indique l'année de récolte de son liège. Son tronc laissé à vif arbore aussitôt, et pendant quelques semaines, une couleur ocre aiguë, qui, au fil des mois s'estompe, pour laisser place, l'année suivante et pour quelques années, à un magnifique bordeaux qu'un commun brun noirâtre remplacera par la suite.

De qualité variée, (le Sud de l'Alentejo a la réputation de produire un liège supérieur), le meilleur liège se ramasse sur les jeunes troncs encore vierges de toute coupe, soit après quarante ans de pousse ! Fatigués par des coupes qui leur laissent des blessures souvent irréparables, parfois mortelles, les chênes-liège ont une durée de vie relativement courte comparativement à leurs autres congénères : peu nombreux sont ceux qui, encore exploités, fêtent leurs cent ans gaillardement.

Trinco, Vinho, Bolero, Iberico…) ont porté avec panache dans l'arène ou sur les terrains de concours avant elle…

Odalisca, d'un an sa cadette, est une belle jument baie aux formes pleines et rondes qui rappellent à s'y tromper celles d'un entier. D'ailleurs, quand elle entre dans l'arène pour affronter le taureau, sous la selle de João Moura Caetano, elle semble prendre un malin plaisir à leurrer son monde. Seul son caractère bouillonnant lâche un petit indice de sa féminité, quand, galopant taureau aux fesses, elle tente de le tenir à distance d'un fouaillement de queue énervé ou d'un coup de pied bien senti. Marquée du fer de Paulo Caetano, Odalisca est aussi montée par Maria Moura Caetano, la sœur de João, en compétitions d'équitation de travail, et en concours de modèle et allures. Ainsi a-t-elle été primée troisième et médaille d'argent des juments montées, lors du Festival international du pur-sang lusitanien 2003.

Beaucoup plus jeune, et déjà promise à un brillant avenir en dressage, Sigonha, cinq ans, a déjà fait ses preuves avec le cavalier de dressage Miguel Nuno Ralão Duarte, tant au Portugal qu'en épreuves internationales jeunes chevaux. Né chez le Dr Ferraz da Costa, connu pour produire des chevaux dans le type, Sigonha présente pourtant un modèle longiligne et élancé, très éloigné du modèle lusitanien privilégié. Elle a su toutefois séduire les juges et le public, par ses allures aériennes et sa fonctionnalité hors du commun. Remportant donc, en 2004, la classe des juments montées avec une médaille d'argent, elle a aussi fait preuve de grandes qualités lors de la Tournée du Soleil organisée chaque année à Bejer de la Frontera en Andalousie, se classant régulièrement. Aussi a-t-elle gagné sa sélection pour les championnats du Monde des jeunes chevaux de dressage, à Verden, en Allemagne, au mois de juillet 2004.

Juments en pâtures, dans les prés de la Sociedade das Silveiras.

Juments à la sieste chez le Dr Pedro Ferraz da Costa.

Moment de bonheur pour ce présentateur et son cheval, Unico II de la Sociedade Agricola Leziria da Palmeira, deuxième des trois anslors du Festival international.

La préparation aux concours de modèle et allures

Grande fierté des éleveurs quand ils en sortent récompensés, les concours de modèle et allures représentent des enjeux importants pour chaque participant. D'une part, ils lui offrent le moyen d'évaluer son cheptel par rapport à la qualité générale présentée en un instant précis. D'autre part, ils sont le lieu de nombreuses transactions, ou de premières négociations, qui peuvent trouver un terme bien des mois après, suite à d'innombrables discussions. Enfin, ils révèlent les cracks et, trop rarement, et c'est à regretter, ils lancent des champions vers de grandes carrières sportives ou tauromachiques.

AU RYTHME DES CONCOURS

Avec deux événements principaux éclatés de part et d'autre de l'année, la Foire de Golegã en novembre et le Festival international en juin, le rythme des concours d'élevage ne permet pas de relâche pour les présentateurs. Quand ils sont rodés à l'exercice, les jeunes chevaux et poulinières sélectionnés demandent au moins deux mois avant l'échéance pour être fin prêts. Quant aux poulains et pouliches inexpérimentés, mieux vaut leur réserver trois mois de préparation.

César Marques et le jeune XL, dans la cour de la Coudelaria Felix da Costa.

Jeannette Jenny et
Tarik de la Coudelaria
Raposo Cordeiro.

Nuno Avelar, présentateur pour le Dr Pedro Ferraz da Costa, à l'entraînement avant le Festival international, ci-dessus, avec trois juments en cobra, et ci-dessous, avec Urtigão.

Car la tâche est rude. Les jeunes sont rentrés en box. Brutalement sevrés de leurs grands espaces, ils doivent se satisfaire d'un lieu réduit, de trois mètres sur trois, ou trois sur quatre, qui, s'il sent bon la paille, le foin et l'aliment, n'a pas la saveur délicieuse des pâtures fleuries.
Même s'ils ont été manipulés déjà plusieurs fois au cours de leur courte vie, force est d'avouer que les rares expériences humaines auxquelles ils ont goûté ont été des plus négatives (tontes, puçage, marquage, vaccinations, prise de sang, soins vétérinaires costauds s'ils ont été blessés ou accidentés…). Aussi le présentateur doit-il user de patience, de sang-froid et de calme, pour parvenir à gagner la confiance de ses poulains, et, qui sait, peut-être plus tard, à obtenir leurs amitiés. En les longeant tous les jours dans un manège pour qu'ils se défoulent et acceptent de se mouvoir naturellement malgré la corde qui les retient, il leur apprend les bases du respect mutuel, qui permettra par la suite d'entamer la préparation à la présentation en main. Exercice de style particulièrement difficile, la présentation en main exige nombre de répétitions pour parfaire le geste : les poulains doivent marcher et trotter à côté de leur meneur, en ligne droite, sans jamais le bousculer ni lui échapper…

ET QUE ÇA BRILLE !

À la veille des concours, quand les leçons sont apprises par cœur, l'heure est aux derniers préparatifs et aux grandes mises en beauté. Partout, dans toutes les coudelarias, l'activité est à son comble. Juments, pouliches et poulains sous la mère sont retondus, ainsi que les poulains d'un an, pour la dernière fois de leur vie. Le maréchal-ferrant, spécialement convié, pare les pieds des plus jeunes et ferre à neuf les pieds des grands, les grooms graissent les cuirs, les présentateurs et cavaliers vérifient le matériel, qu'ils vont remiser dans le camion ou ranger dans des cantines géantes. Dans quelques heures, on pourra procéder au chargement toujours hasardeux des poulains et juments suitées, en route pour la victoire…

Poulain et taurillon partageant leur pré chez Paulo Caetano. Même si la plupart du temps, chacun se respecte, il n'est pas rare qu'ils se prêtent à des corridas naturelles.

V

LE TAUREAU ROI

Le lusitanien au service du roi de la Péninsule : le toro bravo

« Vient-on à la passion du taureau grâce au cheval, ou bien est-ce le taureau qui nous mène à l'amour du cheval ?"
Aussi inséparables que Castor et Pollux **(1)**, le cheval et le taureau assoient leurs aficionados respectifs devant un dilemme si difficile à résoudre que beaucoup montrent encore des signes sincères d'hésitation.
Pourtant, que les inconditionnels du cheval l'admettent ; et que les détracteurs de la corrida l'avouent : si le cheval lusitanien est tel qu'on l'apprécie aujourd'hui, à l'aube du XXIe siècle, c'est indéniablement grâce au toro bravo **(2)**, qui, aux fils des siècles mêmes les plus noirs de l'histoire du cheval, a su le motiver, le provoquer, le titiller dans les arènes et dans les champs, afin qu'il se batte pour garder son identité, son intégrité. Et pour que perdurent sa beauté et son geste.
Quant à la passion immodérée que les peuples ibériques vouent depuis la nuit des temps à leurs taureaux à cornes blanches et noires **(3)**, elle n'a d'écho à sa hauteur que dans le toreo*, cet art vivant, quasi mystique, le seul art qui pose l'homme face à la mort, face à sa mort. Rappelant, dans un cycle perpétuel, l'homme à sa condition de simple mortel, le toreo détient, paradoxalement le pouvoir de l'élever, ne serait-ce qu'un court instant, l'instant parfait d'une faena* sublime, au rang de héros

Il faut se méfier de l'eau qui dort ! Apparemment placide, le taureau de combat est sélectionné pour son courage, sa bravoure et sa noblesse. Autrement dit, il peut se montrer très combatif même avec ses congénères.

Sublime bronze d'un taureau de combat appartenant à Arsénio Raposo Cordeiro, réalisé par Fernando Sommer d'Andrade dans les années 1986-1987.

mythique béni des dieux. Pourtant, réduit à sa seule définition simpliste, art de combattre le taureau, le toreo* perd sa dimension éclectique, universelle, si délicate à exprimer. Enrichi de sa grande expérience personnelle, le torero Paulo Caetano a sans doute trouvé les mots pour la définir sobrement : « Le toreo est un art charnel, plus proche de l'homme que toute autre expression artistique. Paradoxal, imparfait, beau, incertain, implacable, séduisant… Dans le fond, le toreo est le portrait fidèle de la collectivité humaine. »

Moteur principal de cette réflexion éternelle sur le cycle de la vie et la mort, de cette introspection humaine, de cette quête idéale de l'absolu, le taureau ne peut qu'être admiré, adoré, adulé. D'aucun n'est allé s'approcher d'un toro bravo de près, même en 4x4 blindé, ne peut raisonnablement exprimer les sentiments violents et exaltés, quasi sensuels, qui secouent l'âme au plus profond d'elle-même, l'envahissant soudain d'une ferveur passionnelle et enthousiaste, à laquelle se mêlent les angoisses les plus obscures. Somptueux fauve aux cornes redoutables et redoutées, tour à tour brutal et sanguin, puis paisible et serein, il exulte, tant dans l'arène que dans ses pâtures du Sud, la beauté, la bravoure, la noblesse.

En Péninsule ibérique, le taureau est roi. Et le cheval lusitanien, un cheval de roi. Il était normal que leur histoire les fît se rencontrer et… s'apprécier.

AU RYTHME DES CONCOURS

Avec deux événements principaux éclatés de part et d'autre de l'année, la Foire de Golegã en novembre et le Festival international en juin, le rythme des concours d'élevage ne permet pas de relâche pour les présentateurs. Quand ils sont rodés à l'exercice, les jeunes chevaux et poulinières sélectionnés demandent au moins deux mois avant l'échéance pour être fin prêts. Quant aux poulains et pouliches inexpérimentés, mieux vaut leur réserver trois mois de préparation.

(1) Jumeaux célestes de la mythologie grecque, Castor et Pollux sont les fils du dieu Zeus, et en tant que tels, portent le nom de Dioscures. Excellents cavaliers, ils participent à l'expédition des Argonautes. Plus tard, blessé mortellement, Castor fut sauvé par son frère qui implora Zeus pour qu'il leur partageât l'immortalité. Zeus accéda à la requête de Pollux. Il fit même des jumeaux, la constellation des Gémeaux. Récupérés par la mythologie romaine, Castor et Pollux sauvèrent la jeune république. Un temple leur fut édifié sur le forum romain. Ils sont les protecteurs des chevaliers.

(2) Le vocabulaire spécifique à l'élevage du taureau de combat et à la tauromachie est expliqué en annexe p. 263. Les mots concernés dans le texte sont annotés d'une astérisque.

(3) Toutes les races bravas jusqu'aux taureaux cocardiers de Camargue portent des cornes dont la base blanche et le bout noir.

João Moura Caetano et Passape testent la bravoure d'une jeune vache brava.

Un mythe né dans le dédale des grottes préhistoriques

Vieux comme le monde, ou du moins vieux comme l'homme qui a su le peindre, le toro bravo apparaît déjà sur les peintures rupestres du tréfonds de l'Histoire, de l'ouest de l'Europe jusqu'en Chine. Taureau sauvage à l'époque paléolithique, l'aurochs (ainsi désigné par les Celtes) jouit d'une agressivité et d'une force si terrifiantes qu'il occupe le cœur des représentations picturales de la grotte Chauvet, en Ardèche, 30 000 ans av. J.-C., puis se trouve en bonne place à Lascaux, 14 500 ans av. J.-C., ainsi que dans les grottes peintes de Russie, du Caucase, d'Afrique ou de Turquie. Sans doute est-ce à cette époque lointaine que s'est forgée toute la symbolique taurine qui s'est transmise jusqu'à nous. Au péril de sa vie, l'homme préhistorique doit affronter l'aurochs redoutable pour pouvoir se nourrir. Ce faisant, il a déjà mis un pied dans l'engrenage logique et allégorique qui veut que le taureau doive mourir pour que l'homme vive. Le mythe s'en empare. Par appropriation ésotérique, les cornes de l'aurochs confèrent à leur vainqueur les vertus de l'animal vaincu, et deviennent l'emblème de l'abondance ou de la puissance, selon qu'elles soient reconverties en gobelets à boire, ou en casque de chef. Quant au taureau mort, il a le pouvoir de transmettre la vie par son sang bu et sa chair consommée.

À l'époque antique, les traditions égyptiennes, mésopotamiennes, chypriotes, grecques, romaines ont rapporté jusqu'à nous à travers leurs stèles, sépultures et autres vases retrouvés lors de fouilles archéologiques, des scènes de combat, qui, quoique différentes en fonction des siècles et des régions, tendent toutes à prouver l'importance sacrée et sacralisée par tous les dieux antiques, à affronter le taureau au risque de sa vie. Ainsi évoque-t-on l'image connue des acrobates crétois, qui, vers 1 600 avant Jésus-Christ, bondissaient au-dessus du taureau. Connu, également, le rite initiatique des jeunes princes de sang royal égyptien, qui, prétendant au titre de Pharaon, devaient affronter le taureau sauvage qui vivait dans les marais du Nil. En Grèce, Asie Mineure et Thessalie, Pline l'Ancien et Suétone nous décrivent des jeux taurins sous le nom de taurokathapsia.

Quelles que furent les façons de combattre ou d'affronter le taureau, il est une constante : sa mort et son sang versé arrosant la terre sont symboles de vie et de fécondité. Le Mâle Taureau se lie à la Terre Mère, pour que naisse de leur union, la moisson tant espérée.

Véritable roi de la Péninsule ibérique et du sud de la France, le toro bravo semble naître d'une formule magique entre la nature et la création humaine, que seuls quelques grands éleveurs de renom maîtrisent parfaitement.

La tauromachie, une affaire de famille. Paulo Caetano dans ses arènes, montant Espectaculo.

Le toreo à cheval, une affaire de noblesse

Présent dans toute l'Ibérie antique et du Haut Moyen Âge, le taureau occupe une place prépondérante que les récits et sépulcres romains, puis ceux des invasions barbares puis mauresques, laissent supposer. Déjà, ses lignes, ses formes, ses cornes évoquent, à s'y méprendre, le toro bravo moderne.
Dès les lendemains de l'an 1000, on le retrouve comme instrument indispensable aux « exercices de guerre », que les rois et leurs seigneurs pratiquent à cheval. Ainsi Dom Sancho II, (1209-1248), s'entraînait-il à la guerre en combattant des taureaux. À la fin du XVe siècle, sous le règne de Dom João II, les derniers tournois chevaleresques accueillaient des toros bravos. Cheval de roi, cheval de guerre, le cheval ibérique est donc aussi torero. Déjà. Car, après tout, quelles différences majeures distinguent l'art de combattre le taureau de l'art de la guerre ? Courage, panache, noblesse, bravoure, agilité et rapidité sont de rigueur dans l'une et l'autre joutes. Autant de qualités auxquelles l'adversaire, qu'il soit homme ou taureau, s'empresse de répondre sans démériter. Mais loin d'être une fin en soi, le toreo du Moyen Âge et de la Renaissance est davantage considéré comme le moyen de perfectionner sa maîtrise du combat martial. Aussi ne peut-il pas prétendre au titre suprême d'art, dont la première des vocations est d'accéder à un idéal d'esthétique. Il lui manque encore ce cadre rigide, défini et réglementé, qui l'élèverait définitivement et incontestablement jusqu'au rang inaccessible des beaux-arts.
Cette caste intouchable, il y accédera pourtant, au cours du XVIIIe siècle sous les Lumières françaises qui ont illuminé toute l'Europe, d'une flamme d'érudition presque excessive. Siècle des encyclopédies, des traités et des écrits en tout genre, le XVIIIe siècle finit de mettre en livres l'équitation, que les siècles précédents avaient déjà bien décortiquée. Cartésien à l'extrême, curieux au-delà de la bienséance, le XVIIIe siècle s'intéresse à tout, note tout, explique tout. Lui qui dominait si bien l'art équestre, comment aurait-t-il pu ignorer l'art taurin ? Au moment donc, où les grands écuyers rédigent leur savoir, le toreo est expliqué, analysé, codifié. Mieux, il devient l'application concrète et

Son fils, João Moura Caetano avec Gabarito, fils de l'étalon Tupi-Lupi qui a brillamment tauréé sous la selle de Paulo Caetano !

Le torero Rui Fernandes en traje português, et son fidèle cheval Napoléon récompensé par le Trophée du Meilleur cheval tauromachique confirmé pour l'année 2003.

évidente des traités d'équitation les plus prisés. La grande noblesse portugaise se doit d'aller combattre le taureau à cheval, d'abord pour faire preuve de son art du dressage, ensuite pour afficher la valeur royale de ses chevaux. Pris dans le grand tourment rationaliste, les éleveurs, grands propriétaires issus de la même noblesse, entrent à leur tour dans une logique nouvelle. Ils commencent à sélectionner leurs cheptels, à en tracer la généalogie précise, afin de produire les taureaux les plus braves. Aussi, quand le XIXe siècle s'invite sans frapper, avec ses révolutions, ses guerres d'une forme nouvelle, et ses chambardements idéologiques, les bases de la tauromachie à cheval sont posées et fortement ancrées dans le cœur des Grands du Portugal et de leurs fidèles campagnes, qui se sont fait un devoir et un honneur de les transmettre jusqu'à nos jours.

DE LA RUE À L'ARÈNE

Intellectuel et rationnel, le XVIIIe siècle a fait abstraction d'un problème de taille : afficher sa dextérité à cheval face au taureau, certes, mais où donc ? Faute de réponse ingénieuse, le taureau est toréé sur les places principales des villes et village, que l'on ferme succinctement, à l'angle des rues, aidé d'une fourche au long bras, un peu dissuasive. La place est vaste. Elle permet au taureau d'entraîner son torero dans une course épique, qui lui vaudra sa désignation : corrida*. Plus pragmatique, le XIXe siècle enfermera progressivement ses toros et toreros dans des places conçues à cet effet, des places rondes, équipées de gradins et copieusement inspirées des arènes antiques : les places de taureaux*.

Le torero João Salgueiro et Quixote.

João Salgueiro fait découvrir à Recife le travail au carreton, dans le manège de la Coudelaria Felix da Costa.

Quant à la mise à mort du taureau, elle apparaît inutile au Portugal, tant l'art équestre prend le pas sur la symbolique du taureau. Parce qu'il faut une explication simple et tangible, la légende veut qu'au milieu du XVIIIe siècle, un duc soit mortellement blessé au cours d'une corrida. Le Roi, peiné de sa disparition, jugea la tauromachie inutilement dangereuse, et interdit la mise à mort. Les cornes protégées d'une gaine de cuir, mais non coupées, le taureau en serait quitte pour sortir de l'arène, vivant, après une ultime charge qu'il accorde aux forcados*.

De l'autre côté de la frontière, c'est le toreo à pied qui s'enorgueillit d'importance (1). Plaçant les valets et paysans (peon) au cœur de l'arène et leurs maîtres dans les tribunes, il s'envole vers d'autres cieux, qui, s'ils rejoignent la tauromachie équestre sur le plan technique, s'inscrit dans une tout autre parabole.

(1) Les aléas des couronnes et les mariages princiers firent monter sur le trône d'Espagne, au début du XVIIIe siècle, un Bourbon français, Philippe V, petit-fils de Louis XIV. Peu enclin aux mœurs taurines et tauromachiques pratiquées dans tout le pays, il parvint, à force de dissuasion auprès de la noblesse, à interdire la corrida à cheval, mais ne réussit pas à la faire disparaître de l'âme espagnole. Faute de pouvoir regarder ses nobles affronter le taureau, le « petit peuple » se mit à toréer à pied.

Somptueux taureaux de la ganadaria de Paulo Caetano.

L'élevage du taureau de combat

Liés l'un à l'autre, indissociablement, depuis des siècles, et pour quelques siècles encore sans doute, chevaux et taureaux grandissent côte à côte, dans ces mêmes immensités dorées d'Alentejo ou dans les plaines riantes du Ribatejo. Quel plus grand prestige, en effet, que d'élever, conjointement, les plus nobles adversaires que l'histoire ait créé ? Dans tout le Portugal, il n'est pas une coudelaria illustre, et déjà un peu ancienne, qui ne soit également ganadaria*. Citons les fers Palha, Palha Blanco, Passanha, Branco Núncio, Lupi, Rio Frio, Caetano, Moura, Brito Paes, Ortigão Costa, Ervideira, Veiga, Veiga Teixeira, Andrade, Murteira Grave, Conde de Cabral… qui sont autant de grands noms du monde lusitano que de grands noms du monde taurin.

Élevés, donc, la plupart du temps dans les mêmes haras, les futurs duellistes se partagent les mêmes pacages ou bien ils se les prêtent. Avec une seule clôture pour toute séparation entre leurs deux pâtures, les deux communautés s'acceptent et se respectent au point, que certains éleveurs préfèrent les réunir en une seule et même prairie. La cohabitation se passe plutôt bien à condition que quelques règles de bon sens soient respectées. D'une part, la pâture doit être choisie suffisamment grande, soit quelques centaines d'hectares, pour que chacun puisse ignorer son colocataire. Et si, par hasard, un conflit éclate, il est toujours moyen de s'isoler et de se faire oublier de l'autre. D'autre part, il est une limite d'âge au-delà de laquelle la vie communautaire devient inutilement risquée pour le cheval et malsaine pour le taureau : passé trois ans, ce dernier devra prendre ses quartiers, avec le reste de son groupe, dans une prairie à l'écart.

Cigognes, patanegras (petits cochons noirs de l'Alentejo) et toros bravos cohabitent en bonne amitié. Au premier plan, les taureaux reproducteurs. Derrière le mur, au loin, les taureaux en âge de combattre. Élevage José Luís Sommer d'Andrade.

somptueux taureaux de la ganadaria de Paulo Caetano.

Ainsi assiste-t-on, au gré des ganadarias, à quelques scènes de vie singulières et pittoresques. Ici, un lot de poulinières se désaltère au même point d'eau qu'un troupeau de taurillons. Là, une dizaine de poulains de deux et trois ans pacagent, tranquillement, à quelques mètres d'un groupe de taureaux du même âge. Un bruit étrange, un intrus suspect, chacun lève la tête. Dérangés dans leur intimité polie et respectueuse, certains, déjà très téméraires, s'affrontent du regard, tandis que d'autres, plus timorés, préfèrent tourner les talons, pour s'en aller brouter plus loin. Quant aux plus hardis, ils se provoquent, se lancent des défis, pour jauger qui d'entre eux cédera le premier.

Quoi de plus insolite mais quoi de plus probant aussi, que de voir un jeune étalon toréer en liberté, dans une technique naturelle qu'il semble tenir de ses profondes racines guerrières ou bien sinon, des mains de Dieu, toréer en liberté un jeune taureau, qui lui-même, répond par cette charge agressive et instinctive que les millénaires écoulés et la génétique ont su lui transmettre…

BRAVOURE, NOBLESSE ET COURAGE POUR PRINCIPALES QUALITÉS

Agressif naturellement, le toro bravo l'est dès sa naissance. Sélectionné avec sérieux et rigueur depuis le XVIIIe, et de façon drastique depuis le XIXe siècle, suivant des lignes de sang très

LE TOUT POUR LE TOUT

Réputé bien plus délicat que l'élevage équin, l'élevage taurin effraie les éleveurs de chevaux même les plus réputés, qui n'ont pas de traditions familiales tauromachiques. La difficulté se conçoit aisément. Le cheval bénéficie de toute une vie pour prouver ses qualités, ou du moins lui accorde-t-on quelques années pour le juger dans toutes les situations. Au travail, en box, en concours, dans l'arène, à la saillie… Le taureau, lui, n'a que quelques minutes dans l'arène ; dix à quinze minutes top chrono, sans répétition, sans préparation, sans réédition, pour étaler crânement sa bravoure, sa noblesse, sa puissance. Il doit être bon, excellent, exceptionnel même, dès lors qu'il bondit du toril et pour toute la durée de la corrida. Pendant ce temps, au bord de l'arène, son éleveur joue sa réputation à travers lui. Encensé, loué, applaudi à tout rompre s'il s'est montré valeureux, le taureau peut être sifflé, hué du public, et souvent boudé par les meilleurs toreros qui permettent alors d'écourter leur actuaçã* en affichant clairement leur mécontentement. Quant aux taureaux vicieux, dangereux, ils peuvent retourner en une corrida, l'image d'un éleveur aussi apprécié soit-il.

précises, dans la quête éternelle de la bravoure absolue, le toro bravo du XXIe siècle n'a rien d'un cœur tendre. Arrivé à l'âge adulte, entre quatre et cinq ans, il livre à ses congénères et compagnons de pré, des combats d'une extrême violence, souvent sanctionnés par la mort de l'un d'entre eux, au point qu'il importe de le toréer dans cette tranche d'âge. Au-delà, devenu trop puissant, il s'enrichit d'une telle agressivité, teintée d'un vice redoutable que les années de vie en troupeau lui ont enseigné, que tout combat dans l'arène serait déloyal. S'il est combatif de naissance, s'il est brave et noble de cœur, le toro bravo exige cependant une préparation physique régulière et suivie pour être digne des meilleures corridas. Regroupés entre eux à quatre et cinq ans (en fin de trois ans et fin de quatre ans, pour être exact), ils devront s'épaissir et se muscler pendant toute la saison morte de la temporada*, pour devenir ces formidables fauves qui fascinent et séduisent le public aficionado, un public charmé et envoûté, qui ne peut retenir un « ouf » admiratif, quand il les découvre, l'un après l'autre, dans l'arène.

Ce corps d'athlète se forme, se forge au fil des jours, naturellement, d'abord. Arrivé à maturité sexuelle, le taureau produit des hormones qui contribuent en grande part à son épanouissement physique. Ensuite, la belle herbe verte des mois d'automne et d'hiver, enrichie, dès le printemps d'un aliment complémentaire, l'aide à s'entourer d'une épaisse couche graisseuse. Enfin, l'entraînement quotidien vient apporter la masse musculaire et le souffle indispensables à sa condition de champion. En guise d'entraînement, une bonne marche journalière peut suffire. Ainsi, en plaçant les râteliers d'aliment et de foin à l'opposé du point d'eau, le ganadero* et ses campinos obligent leurs troupeaux à parcourir naturellement, sans la moindre intervention humaine, quantité de kilomètres par jour. Car s'il est un risque, dans l'élevage taurin, c'est bien celui de rendre ses taureaux vicieux. Un vice qu'ils acquièrent d'abord entre eux, mais aussi au contact trop régulier de l'homme et du cheval qui viennent les visiter et peut-être même les faire courir pour les entraîner. Ils apprennent l'homme, ils apprennent le cheval, ils apprennent leurs mouvements. Et désormais, ils savent comment les contrecarrer, dans des charges peu franches, biaisées et interrompues, perdant ainsi toute la bravoure pour laquelle on les glorifie. Gonflés de cette expérience malsaine, ils entrent dans l'arène, plus fauves encore que jamais, pour livrer une corrida, qui, si elle n'est pas mortelle pour le torero et son cheval, peut s'avérer des plus risquées…

L'entraînement des chevaux toreros

La temporada* occupant les belles saisons de printemps et d'été, elle laisse l'autre moitié de l'année à l'entière disposition des toreros et de leurs chevaux. Six mois bénéfiques pour se remettre d'une saison passée bien remplie et éreintante, et surtout, pour préparer la prochaine temporada sereinement, et sans précipitation. Le programme, loin de ressembler à des congés qui joueraient les prolongations, s'avère des plus chargés. En effet, l'automne et l'hiver sont mis à profit pour s'occuper attentivement des jeunes chevaux, de les initier au carreton*, à la vachette, puis au taureau ; de reprendre le travail quotidien des chevaux confirmés, dans le calme, sans le stress ni la pression ni même la fatigue qu'occasionne une temporada chargée ; de revoir sa technique, de l'améliorer, en travaillant, pourquoi pas, avec des plus grands que soi ; de former du personnel nouveau ; de réviser l'équipement et le matériel, ainsi que le camion ; de préparer les banderilles...

Indispensable à la formation et l'entraînement du cheval torero, le carreton répète inlassablement, à la demande du cavalier, les mêmes gestes, les mêmes charges que le taureau, imitant presque à s'y tromper, ses attitudes. Mené de mains d'expert par un banderillero* ou un groom fin connaisseur, il enseigne sans risques au cheval débutant les réactions du taureau, et affine les attitudes et mouvements des chevaux les plus rompus au toreo. Le torero en profite pour travailler sa gestuelle, en plantant des banderilles sèches de tout ornement, dans le liège qui simule la masse graisseuse et musculaire proéminente du cou du taureau. Instrument de réglage et d'affinage, le carreton aide le cavalier et sa monture à se comprendre, à s'entendre, à s'ajuster l'un à l'autre, au point que dans l'arène, ils donnent l'impression d'une fusion parfaite.

Secondant le carreton dans son rôle éducatif, une gentille vache plus ou moins domestiquée vient le remplacer, menaçant mollement, sans se convaincre elle-même, le cheval et son torero. Autre attitude, autre travail. La vache complaisante se laissant approcher en lançant tout de même quelques coups de corne dans le vide, le cheval peut venir s'arrondir autour d'elle, dans un petit galop en épaule en dedans. Le cavalier l'arrête, dos à la vache, le flatte, le rassure, le relance...

L'entraînement au carreton est un exercice de routine quotidien. Ici, Iberico répète ses gammes sous la selle du torero Vitor Ribeiro, autour du carreton que roule le banderillero João Courto.

Scènes quotidiennes d'entraînement et de préparation des chevaux toreros. En haut, Vitor Ribeiro et Labrego titillent la vachette alezane.
En dessous, João Moura Caetano et son jeune Soleare viennent gentiment taquiner le carreton.

Plus délicat, le travail avec des jeunes "vacas bravas" permet de tester leurs qualités et de juger si elles seront reproductrices ou non. Ici, João Moura Caetano, avec Gabarito, et Paulo Caetano testent une petite vache de leur élevage.

DU CARRETON À LA VACHETTE

Travaillés tous les jours, mis en confiance par un entraînement sérieux et régulier, routinés par des exercices répétitifs bien assimilés, chevaux débutants et confirmés peuvent affronter les jeunes vaches bravas que les ganaderos ont absolument besoin de juger pour affiner encore davantage leurs sélections. Agées d'un an et demi à deux ans, les petites vaches doivent être testées dans l'arène et faire preuve de leur plus grande bravoure pour être acceptées dans le sérail très surveillé des vaches reproductrices. Les autres, ne montrant malheureusement pas assez de qualité, sont réformées pour la boucherie. Déjà sélectionnée une première fois sur leur bonne conformation morphologique, la vache brava qui déboule à plein galop dans les places privées des toreros ou des ganaderos montre un appétit guilleret pour la charge et la course. Ultra rapide, téméraire et courageuse à l'extrême, elle charge et charge encore, toujours en ligne droite, sans jamais montrer un signe de fatigue ou de désintérêt.
Face à de tels excès de volonté guerrière, le cheval sort de son attitude placide et tranquille, qu'il arborait avec une certaine condescendance, face à son taureau à roulette ou sa vache amicale. Ici, il ne joue plus le même rôle ; il n'a plus le droit à l'erreur. Il le sait, il le sent. On devine en lui, déjà, une émotion naissante, une concentration nouvelle, un regard percutant. Il doit être attentif, précis, rapide, et ultra réactif, pour répondre à la vitesse de charge de la petite bombe.

DE CORRIDAS PRIVÉES EN CORRIDAS PUBLIQUES

Il sait aussi que bientôt, demain peut-être, c'est un taureau qu'il affrontera. À la maison, sans doute, pour parachever l'entraînement, puisque la saison n'a pas encore repris. Bien que chez lui, dans un cadre qu'il connaît et qui ne l'intimide plus, il sait que la pression s'invitera en lui, certes plus discrètement que lorsqu'il s'agit d'entrer dans les arènes publiques, mais elle sera bien là, tenace, chevillée au cœur et au corps. Pression nécessaire, salutaire, parfois même, car sans elle, il perdrait assurément en vigilance, en performance, et en hardiesse. D'ailleurs, comme pour chaque taureau, il devra toréer pour de vrai, en y mettant tout son courage et toute son âme, comme s'il était face aux tribunes bondées.
Quant au jeune cheval qui découvre en six mois ces nouvelles sensations, même s'il s'avère très prometteur à la maison, il lui faudra apprendre à gérer, à force d'expérience, le stress, la tension, mais aussi le trac et la peur qui s'emparent de lui quand il doit se jeter dans l'arène.
Mais s'il en est un, assurément qui connaît bien le trac, c'est son torero, qui, se défendant d'avoir peur, préfère se laisser submerger par un trac positif, porteur et stimulant, un trac qui l'oblige à se dépasser pour satisfaire un public aficionado, et qui décuple au centuple son envie infinie de transformer sa faena en un instant de grâce qui touche au divin.

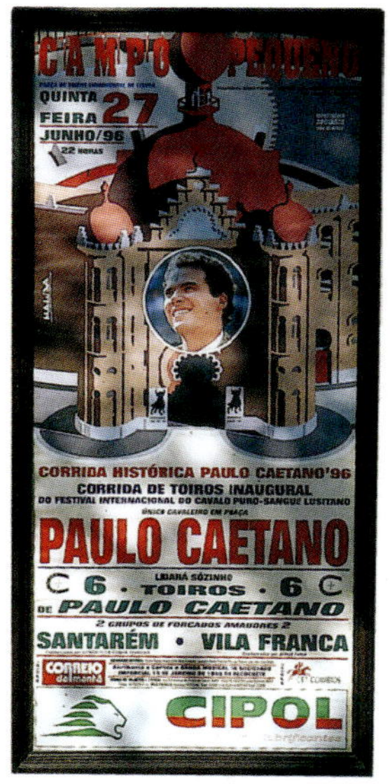

Un campino en costume traditionnel, arbore le fer Casa Cadaval sur son gilet.

Dans l'arène

Si les Portugais ont un sens assez flou de la ponctualité, du moins l'ont-ils précisément dès lors qu'il s'agit de se rendre à la corrida. Qu'elle se tienne à 15 heures au début du printemps, à 17 ou 18 heures au mois de mai et juin, ou 22 heures en plein été, il n'est pas d'excuse valable à tout retardataire, en particulier à la banda (fanfare) venue jouer les pasodobles, fandangos et autres airs relevés des places de taureaux.

DANS LA CHAUDE AMBIANCE DES ARÈNES, LE PASEO DONNE LE TON LES FESTIVITÉS

Alors entrent en piste, sur leurs chevaux majestueux qu'un panache blanc rehausse, les trois toreros dans leur costume Louis XV, tricorne emplumé à la main, pour un paseo* d'honneur grandiose et solennel. Encadrés de leurs banderilleros et précédés des forcados* et des campinos, ils évoluent en arc de cercle, autour de l'arène, dans un pas de trois invariable, saluant la foule de Sol en Sombra **(1)**, puis de Sombra en Sol, à grand renfort de passage, pas espagnol, galop rassembler, et autres figures de haute école. Tous trois se rejoignent alors une dernière fois au centre de l'arène, pour saluer le jury et sortir dignement, en marche arrière jusqu'à la porte.

La corrida peut alors commencer. Trompette. Puis silence. Le premier torero (le plus âgé, question de respect), entre en piste, suivi de son premier banderillero. Les deux autres toreros le rejoignent, à pied, pour l'encourager dans un rituel immuable, et lui offrent sa première banderille. Alors il part au galop pour réchauffer son cheval deux ou trois tours, puis, d'un arrêt sans failles, trouve sa place face à la « porte de la peur **(2)** », et juge s'il est prêt à recevoir le taureau seul, ou accompagné de ses banderilleros qui pourront l'aider à faire diversion pendant quelques minutes, le temps que le taureau prenne ses repères dans l'arène. Sa décision prise, d'un geste discret de la tête ou de la main, il se signe, et fait signe que son cheval et lui-même sont fins prêts. Les portes du toril s'ouvrent et laissent débouler dans un bain de poussière le toro bravo…

Pendant un quart d'heure environ, chacun va se jauger, se juger, se tester, s'estimer, s'apprécier. Les fers et banderilles se piquent dans un halo technique hallucinant. Le taureau semble ne pas en tenir compte, et propose en retour des ripostes non moins ahurissantes. Dans le très court laps de temps de son actuação*, le torero change de monture une, deux ou trois fois.

LA CORRIDA COMME L'EXPRESSION D'UN ART ÉQUESTRE TOUJOURS PLUS TECHNIQUE ET DÉLICAT

Il y a encore cinquante ans, se suffisait-t-on d'un seul cheval pour toréer un taureau ; un seul cheval qui prouvait sa résistance, son courage, sa polyvalence, et sa dextérité à enchaîner les difficultés variées. Au fil du temps, le toreo* s'est tellement affiné, affûté, perfectionné et réglé dans les moindres détails, qu'il importe aujourd'hui de pouvoir présenter au public un piquet d'environ six ou sept chevaux, entre deux et quatre par taureau, un piquet riche et complémentaire, qui permet de multiplier les suertes* les plus risquées, les plus osées. Toutes très différentes, ces figures donnent l'occasion au torero d'étaler son adresse, son talent de cavalier, et les qualités spécifiques, hors norme, de chacun des chevaux.

Chevaux lusitaniens ou cruzados, tous aujourd'hui, trouvent leur place dans l'arène. Les lusitaniens, ronds, compacts et courts, rivalisent de maniabilité, de souplesse, de flexibilité et d'intelligence du taureau. La plupart excellent dans le fameux quiebro, cette figure si impressionnante qui vise à tromper le taureau en se jetant d'abord à droite pour mieux se déporter, ensuite, sur la gauche, avec, si possible, un temps d'arrêt devant les cornes du taureau, et poursuivre alors sa trajectoire en enroulant le fauve… Les cruzados, eux, souvent doués d'un galop à grande action, peuvent s'amuser à aspirer le taureau dans une course passionnée, dans laquelle ils risquent, à chaque foulée, de se faire bousculer à la croupe ou au flanc par un taureau décidé. Après sept ou huit fers, le torero salue la foule d'un geste qui indique qu'il souhaite en terminer, et sort sous les applaudissements ou les sifflements, qui, s'ils se montrent paradoxalement conviviaux, signifient que son actuação a été très appréciée du public. Aussi doit-il en référer au juge qui, sauf faute grave, l'autorise à planter une dernière banderille d'honneur, au grand ravissement d'un public enthousiaste. Particulièrement sévère, l'assistance portugaise ne se prive pas, en revanche, de faire savoir son mécontentement lorsqu'une actuação lui déplaît. Huant, sifflant, criant, elle vilipende tant le torero qui a manqué sa suerte, que le taureau qui se montre paresseux ou vicieux, et même la banda qui met trop de temps à fêter en musique une belle action…

Quoi qu'il en soit, l'heure est maintenant aux forcados, qui prenant la place du torero dans l'arène, vont tenter, rangés en file indienne, d'arrêter le taureau dans sa charge frontale. Totalement irréelle, la pega* des forcados laisse pantois tant elle est violente et brutale et pourtant aussi, captivante, émouvante, séduisante. La foule se lève pour acclamer leur héros, ce petit jeune premier qui vient d'affronter la mort pour saisir, entre les cornes, pendant quelques longues secondes, la tête du taureau lancé dans son assaut létal, tandis que ses compagnons, derrière lui, ont fait bouchon pour les stopper dans leur course folle.

Tandis que le public se remet, bruyamment, de ses émotions, six ou sept magnifiques bœufs entrent en piste, remplaçant les forcados brisés et maculés du sang du taureau, mais heureux de leur prestation. Encadrés par leurs campinos vêtus du traditionnel costume du Ribatejo, les bœufs sont supposés attirer jusqu'au toril, le taureau, qui, encore tout estourbi de cette surprenante pega des forcados, se demande s'il vaut mieux suivre sagement ses congénères pacifiques ou rester dans l'arène.

Quand la place est libre, le torero revient à pied, pour cueillir les bravos du public, en compagnie du premier forcado, qui recevra, s'il le mérite, autant d'ovations, de bouquets, de peluches et de casquettes que la vraie star de la soirée : le torero.

(1) Places rondes et non couvertes, les arènes proposent trois secteurs principaux pour assister aux corridas. Le secteur Sol, le plus exposé au soleil, est aussi le plus populaire, car le moins cher. Le secteur Sombra, à l'ombre toute la durée de la corrida, est le plus recherché, mais aussi le plus cher. Quant au secteur Sol e Sombra, il offre moitié du temps au soleil, moitié du temps à l'ombre… pour des prix intermédiaires !

(2) Appelée ainsi par Paulo Caetano dans son livre autobiographique, la *porte de la peur* est tout simplement la porte du toril par laquelle surgit le taureau. Cf. Bibiographie p. 207

Le lusitanien, seul cheval torero ?

S'il est une seule raison qui peut expliquer le divorce aujourd'hui prononcé entre le cheval de pure race espagnole et le pur-sang lusitanien, c'est bien le toreo, cet art de toréer que l'on préfère côté espagnol, à pied, et côté portugais, à cheval.
Tout au long du XIXe siècle, à une époque où ils ne font encore qu'un, sous l'appellation commune de cheval andalou, les chevaux ibériques tant espagnols que portugais sont sévèrement menacés de disparition. Ces chevaux de roi et chevaux de guerre, en d'autres temps adulés, se voient désormais boudés par les cours européennes, dénigrés par les militaires, concurrencés par les nouvelles courses de pur-sang anglais. Abâtardis pour la plupart par des croisements ineptes, quoiqu'utiles aux exigences du moment, les quelques-uns qui ont pu échapper au pillage se doivent, pour ne pas déroger, de trouver un noble salut. Au Portugal, il ne leur est point nécessaire de remuer ciel et terre. La tourada* (corrida à cheval) codifiée aux heures les plus glorieuses du cheval ibérique ne va pas, elle, les désavouer : traversant les époques avec un succès grandissant, elle a encore et toujours besoin d'eux. Ainsi a-t-elle permis d'amener jusqu'à nous son fidèle cheval lusitanien, noble guerrier et grand torero, non sans avoir emprunté un parcours tortueux, semé d'embûches, de dépressions et de périls aussi tentants que les chevaux cruzados. Courageux, volontaire, mais soumis ; actif et réactif ; tonique, dynamique mais serein, presque calme ; souple et maniable ; rapide et habile ; puissant ; intelligent et brillant… Toutes ses qualités que vénéraient les générations antérieures à Napoléon ont donc été conservées, plus ou moins, et rapportées jusqu'au troisième millénaire, presque intactes. Grâce au taureau, et à son sens du combat que les Portugais ont su si bien transmettre à leur cheval.

DIVORCE À L'ANDALOUSE

De l'autre côté de la frontière, l'histoire ne s'est pas écrite aussi aisément. Dans la mesure où le toreo s'exprimait uniquement à pied, il fallait trouver une autre occupation au cheval espagnol, une occupation digne et majestueuse à la hauteur de son passé glorieux. Cheval de roi, cheval de cour, il allait pouvoir le rester en quelque sorte, mais dans un rôle restreint, revu et corrigé, où, comme convenu, l'art militaire lui échappait définitivement. En revanche, il continuerait de flatter les seigneurs espagnols lors des plus riches parades, et porter en croupe leurs belles dames. Cheval d'apparat donc, le cheval espagnol se vit utilisé comme simple faire-valoir, un faire-valoir purement esthétique, symbolisant la puissance et la richesse de son cavalier. Il le fallait beau avant tout. Beau, chic, charmant, distingué et éblouissant de panache. Du panache dans ses allures, dans son port de tête aliter, dans sa crinière longue et épaisse. Peu importe que son galop manque d'amplitude et de rebond, pourvu qu'il soit confortable et moelleux. Peu importe que son trot soit rétréci et sans engagement des postérieurs, pour peu qu'il monte fort les antérieurs pour impressionner la foule, faute d'impressionner les ennemis à la guerre. Peu importe que son dos soit trop long, pourvu qu'on puisse y placer une jolie sévillane pour aller parader dans les ferias joyeuses.
Courtisan élégant désormais, le cheval espagnol s'est trouvé fort dépourvu quand les matadors espagnols ont pu à nouveau s'essayer au rejoneo* dans la seconde moitié du XIXe siècle. Manquant de force et d'allures, de maniabilité et de réactivité, il ne pouvait entrer dans l'arène qu'au risque de se faire tuer. Et les rejoneadors espagnols n'ont eu d'autre solution que de

Paulo Caetano et son excellent Plutão, de son fer, à l'entraînement.

Fils cruzado du célèbre Xaquiro, Trunfo, du fer du torero Brito Paes, possède toutes les qualités pour la tauromachie : force, vitesse, puissance, tempérament, insolence…

se tourner vers le cheval lusitanien, si vaillant au combat, ou vers des cruzados dont les qualités nouvelles ont mis sérieusement en danger le cheval lusitanien lui-même…

DES CRUZADOS MENAÇANTS

Si l'Espagne dut croiser ses chevaux avec du pur-sang arabe, du pur-sang anglais et du sang anglo-arabe pour aller aux champs, travailler le bétail et les taureaux en toute sécurité, avec des montures rapides et réactives, le Portugal se laissa tenter par les mêmes types de croisements pour améliorer le potentiel du cheval torero.
Force est d'admettre qu'au cours du XXe siècle, l'élevage lusitanien a traversé quelques graves crises qui ont influé de façon conséquente sur la quantité et la qualité globale des chevaux, même si quelques grandes lignées se sont chargées, assurément de maintenir et transmettre un patrimoine génétique tant convoité. Venus en renfort, les cruzados ont consolidé les effectifs d'un cheptel affaibli. Quel élevage n'a pas utilisé un jour un étalon anglo-arabe sur ses juments lusitaniennes, quel éleveur n'a pas acheté, le lendemain, quelques juments arabes ou anglaises pour les faire saillir par leurs étalons… Et les résultats se sont montrés satisfaisants. Si quelques produits malheureux ont hérité le caractère chaud de l'arabe, si d'autres se sont entichés de la petite graine de folie du pur-sang anglais, si d'autres, enfin se sont montrés aussi caractériels et têtus que l'anglo-arabe, dans leur majorité, les cruzados ont révélé des aptitudes à la tauromachie à faire blêmir leurs proches parents lusitaniens. Plus légers, plus réactifs, plus toniques et surtout, excellents galopeurs, les cruzados sont arrivés à point nommé à un moment où le toreo évoluait vers un art de plus en plus technique, de plus en plus précis, de plus en plus risqué.

LE RETOUR EN FORCE DU LUSITANIEN

Évinçant avec une grande facilité le lusitanien détrôné de ses arènes fétiches, ils l'ont supplanté presque totalement, épaulés dans leur travail de sape par quelques anglo-arabes et quelques pur-sang anglais, venus tenter l'expérience taurine, avec un certain succès.
Depuis la fin des années soixante, la volonté marquée de retrouver le cheval célébré par l'histoire et la tauromachie, l'envie profonde de réaffirmer leurs traditions et leurs coutumes à travers l'un de leurs symboles les plus révélateurs a permis de rompre un cercle vicieux dans lequel se débattait un lusitanien à bout de souffle. L'amélioration très nette de la race lusitanienne depuis une trentaine d'années a mis un terme progressif à l'hégémonie des cruzados dans le monde de la tauromachie. Gagnant au fil des ans des aptitudes qu'il avait perdues dans les méandres de l'histoire ou qu'il n'avait peut-être même jamais connues, le lusitanien revient en force dans les arènes, s'appuyant, désormais de la présence encore nombreuse des cruzados pour faire éclater son génie, son courage et son agilité.

Même s'il reste rigoureux et strict, l'entraînement du cheval torero offre aussi quelques moments de détente dans les étendues dorées de blé et de liège.

L'équipement tauromachique portugais

S'il remonte aux premières lueurs de l'histoire, l'art de toréer à cheval a été clairement codifié et établi au temps des grands écuyers, pendant le siècle des Lumières. Respect des traditions les plus nobles, volonté de rattacher cet art héroïque qui perdure à travers les siècles à une époque équestre prodigue, prodigieuse et fastueuse, désir d'afficher avec panache l'origine portugaise de la tourada… Autant de raisons qui ont poussé les toreros portugais à maintenir, au fil des générations, les coutumes costumières, et à entrer dans l'arène dans un habit très Louis XV.
Tenant dans la main droite, le temps du salut, un tricorne de feutre noir serti de petites plumes blanches, ils portent une somptueuse « casaque » (casaca en portugais), sorte de veste longue et peu cintrée qui tombe à mi-cuisse. Rouge vif ou bordeaux, vert soutenu ou foncé, bleu roi ou bleu marine, ou pourquoi pas noir, les couleurs brillantes et satinées de chacune des casaques chatoient sous les reflets dorés des broderies opulentes, quasi princières, tissées à la main de fil d'or et de pierreries.
L'étoffe, très épaisse et doublée, est davantage renforcée sur ses basques, pour lester la veste, afin qu'elle garde son pli parfait, entourant la selle, même dans les actions les plus dynamiques ! Portée ouverte sur un gilet blanc, lui aussi brodé d'or, la casaque vient couvrir une fine chemise à jabot, aux poignets magnifiquement ciselés des dentelles les plus délicates, qui osent dépasser la casaque d'une petite longueur pour mieux se faire apprécier.
Plus bas, la culotte, toujours beige, est agrémentée, en son bord extérieur, de boutons dorés aujourd'hui purement décoratifs, qui permettaient autrefois, bien avant l'ère des textiles élastiques, d'ajuster au mieux la tenue. Rehaussée de bas blancs, fioritures élégantes ou insolites selon que l'œil s'y soit accoutumé ou non, qui remontent au-dessus du genou, la culotte se voit prolonger en son extrémité, par des bottes en cuir noires qui viennent mourir en dessous du pli du genou. Seul anachronisme patent, les bottes actuelles s'éloignent assez franchement du modèle portugais de l'époque Louis XV, qui voulait que le cuir monte jusqu'à la cuisse, s'assouplissant tout autour du genou pour l'envelopper dans un carcan à la fois moelleux et protecteur.
Magistralement vêtus, les toreros portugais sont, en contrepartie, bien moins protégés que leurs voisins espagnols (1). C'est pourquoi chaussent-ils des étriers-sabots très travaillés, en bois plaqué de métal argenté plus ou moins précieux, comme le bronze, lesquels ont au moins le mérite de protéger les pieds et la cheville d'un mauvais coup de corne.
Quant à la selle à piquer, héritée des grands siècles de l'équitation, extrêmement confortable, elle permet de bien caler le cavalier dans son siège, entre un pommeau et un troussequin très relevés, et accepte toutes les parures possibles pour l'embellir. Ainsi, lors du paseo qui lance officiellement les festivités d'une corrida, selle et cheval sont recouverts d'une tenture aux mêmes couleurs et broderies que la casaque du torero.
En dehors de ce rituel tauromachique et de quelques autres spectacles de haute école, la selle, utilisée dans son plus simple apparat, se dote simplement, toujours, du fameux croupelin en peau de renard, qui vient recouvrir les reins du cheval, afin qu'il n'attrape pas froid après l'effort.

(1) Équipes de chaps longs en cuir superbement travaillé et de guêtres courtes, aussi en cuir, qui viennent en renfort leur ceindre le bas de jambe, les rejoneadors* espagnols peuvent se sentir suffisamment cuirassés pour palier aux incidents légers.

L'étrier-sabot permet de protéger le pied et la cheville du torero des violents coups de corne des taureaux. En bois plaqué de métaux argentés, ils arborent souvent le fer de leur torero, comme ici l'étrier de Vitor Ribeiro

Fortement inspirée de la mode Louis XV, la casaque des toreros portugais est un superbe bijou tissé d'or, comme le prouvent ces détails d'une casaque de Paulo Caetano, brodée à la main au fil d'or par sa mère.

Le harnachement complet du cheval torero : la selle à piquer, le filet richement paré pour le paseo, et les banderilles.fer de leur torero, comme ici l'étrier de Vitor Ribeiro

Rewisor au travail aux longues rênes
chez José Luís de Mello.

VI

DE L'IMPORTANCE DES SPORTS ÉQUESTRES

Daniel Pinto et Maestro, du fer du grand écuyer Guilherme Borba, dans un appuyer parfait.

Un réveil tardif mais décisif

Satisfaits, largement, de leurs seules corridas à cheval pour toute activité équestre, les Portugais se sont longtemps isolés du circuit international de la compétition, notamment en dressage (1). Convaincus, à plus d'un titre, que le toreo était sans conteste l'art équestre qui répondait le mieux aux qualités techniques et esthétiques de leur cheval lusitanien, les éleveurs ont continué à produire des chevaux essentiellement destinés à la tauromachie. Occupés à entretenir ce marché fructueux et gratifiant qu'alimentaient non seulement les toreros portugais, mais aussi les nombreux rejoneadors espagnols, ils se sont contentés, des années durant, de jeter de temps en temps un coup d'œil distrait aux rectangles de dressage européens, persuadés, peut-être par esprit de supériorité ou bien au contraire, par esprit d'infériorité, qu'ils n'avaient pas à s'en mêler.
Si l'influence mondiale du maître Nuno Oliveira, dès les années 1960, a stimulé un premier réveil du côté portugais et une attention nouvelle du côté européen, c'est bien l'accession à la stabilité politique du début des années 1980 qui marque très certainement un tournant décisif des mentalités. Les chaos des dictatures militaires et de la Révolution des Œillets terminés, le Portugal s'est ouvert progressivement, entre 1976 et 1979, à une démocratie modérée, qui lui a permis d'une part, de reprendre ouvertement ses activités d'éleveur, assidûment pourchassées aux heures les plus sombres de la Révolution, et d'autre part de s'intéresser de plus près à ses voisins européens. Des voisins, qui, commençant à se lasser de l'omnipotence du « cheval champion à tout prix », cherchent à retrouver, avec des chevaux plus authentiques, plus sympathiques et plus esthétiques, des plaisirs sensitifs mis au ban d'une équitation officielle qui légitime avant tout l'exploit sportif.
Réalisant alors toute la valeur de l'or qu'ils nourrissent dans leurs champs pour leur seul usage, les éleveurs portugais ont compris les conséquences prodigieuses à se tourner vers le marché nord-pyrénéen très demandeur, un marché, certes exigeant, mais dynamique et doté d'un pouvoir d'achat élevé.
Aussi, en moins de vingt-cinq ans, la donne a-t-elle considérablement changée. Conscients désormais de l'impact des débou-

(1) Le saut d'obstacles et le concours complet, dans la continuité des sports équestres militaires, ont attiré plus tôt des cavaliers portugais prêts à se détourner du cheval lusitanien pour pratiquer des sports « sautant » pour lesquels le cheval lusitanien montre décidément peu d'aptitudes, en tout cas à haut niveau.

Landim, fer Sousa Cardoso, monté par André Parate.

chés internationaux que peut leur obtenir leur cheval, les éleveurs ont pris l'habitude de raisonner en termes européens, brésiliens, américains. Soucieux de coller le mieux possible à un marché amateur très porteur, et à un marché professionnel providentiel, et attirés inéluctablement par les enseignements plénipotentiaires du dressage allemand, ils ont choisi de faire évoluer leur race vers un modèle plus sport, plus grand, plus fin mais aussi moins baroque et peut-être moins rond. Un modèle dont le trot s'étend, et dont le galop gagne en amplitude, mais qui sait conserver son rassembler si précieux.
Emballés dans les rayons du cercle vertueux de la notoriété et de la reconnaissance de leurs pairs d'Europe du Nord, les éleveurs portugais ont dû accepter les règles redoutables d'un jeu qui peut s'inverser en un cercle très vicieux, s'ils n'en suivent pas à la lettre les instructions. Détenteurs de chevaux réputés uniques, ils se doivent de pouvoir les rendre séduisants, attractifs au-delà des rêves de leurs acheteurs. Ils se doivent de les présenter dans leurs meilleurs atours, tant en main que montés. Aussi, les cavaliers engagés pour leur compte ont-ils dû montrer des compétences de plus en plus affirmées. Pris au jeu au point de vouloir, eux aussi, sortir en épreuves de dressage, beaucoup de cavaliers portugais montrent aujourd'hui un appétit quasi-insatiable pour leur perfectionnement. Désireux d'apprendre toujours plus, la plupart, quand ils le peuvent, partent peaufiner leur formation de dresseur quelques mois ou quelques années en Allemagne, en Belgique, ou même aux États-Unis !

L'étonnant Spartacus emmène, dans son trot aérien, Jeannette Jenny, le long des Rizières de la Companhia das Lezírias.

Ralenti au tout début des années 90 par la crise de la peste équine espagnole (juin 89-janvier 91), qui a obligé à la fermeture des frontières pendant plus d'un an, le phénomène « dressage » semble avoir acquis aujourd'hui tellement d'ampleur au Portugal, qu'on a le sentiment un peu nostalgique, en visitant les coudelarias, que la principale destination que visent les éleveurs pour leurs chevaux lusitaniens est bel et bien le rectangle 20x60 officiel **(2)**. Reléguée loin derrière, la tauromachie n'est plus là qu'une bonne doublure cascades, toujours prête à entrer en action, si besoin est, de réformer un cheval. Quant à l'équitation

Maestro au piaffer avec Daniel Pinto.

Maria Moura Caetano et son très prometteur Sol e Sombra.

de travail, si elle ouvre les portes de la compétition aux jeunes cavaliers portugais, fils d'éleveurs ou non, elle semble avoir besoin d'encore quelques années de maturité, ou quelques décennies, pour se tailler une réputation mondiale aussi intouchable que le dressage à l'allemande…

(2) 20 mètres par 60 mètres, telles sont les dimensions requises à toute carrière ou à tout manège officiel pour une épreuve de dressage reconnue par la Fédération équestre d'un pays organisateur, ou par la F.E.I. (Fédération équestre internationale).

(3) Nuno Oliveira jouit d'un tel prestige et d'un tel respect au Portugal, qu'il n'est personne pour évoquer sa mémoire par son nom. Aussi, les Portugais, oubliant leurs anciens écuyers qui ont pourtant aussi écrit l'Histoire, n'hésitent pas à l'appeler « le Maître ».

(4) « Cavaliers cinq étoiles » : expression employée par Luís Valença visant à citer les meilleurs élèves du maître. Il les sépare en deux groupes : les élèves privilégiés, qui ont pu suivre ses préceptes presque tout au long de sa carrière (Dom José et Dom Luís d'Ataíde, le Dr. Guilherme Borba et Dom Diogo de Bragança) et ceux qui n'ont intégré sa formation que plus tardivement (Michel Henriquet, João Oliveira, fils du Maître, et enfin lui-même, Luís Valença).

DU ROLE DU MAÎTRE **NUNO OLIVEIRA**

Renouant, dans les années 50, avec les traditions équestres à la Française, apanage réservé, depuis des décennies, à une petite élite intellectuelle et aux grands toreros, « le Maître » (3) a su convaincre ses compatriotes ainsi que tout le reste du monde équitant, du nord des Pyrénées jusque par-delà l'Atlantique, du bien-fondé de son équitation, une équitation de légèreté, édifiée sur le rassembler. À une époque où les Allemands et les Hollandais commençaient déjà à écraser de leur suprématie le dressage mondial, avec leurs chevaux géants, massifs, capables d'un trot allongé inimitable, Nuno Oliveira séduisait partout où il enseignait, par son travail en sens inverse, qu'il effectuait avec ses petits chevaux ronds, adroits et doués au point de tenir un piaffer ou un passage pendant des heures.
Réunissant avec génie la synthèse des préceptes classiques français d'un La Guérinière avec ceux, si différents, mais toujours français, d'un Baucher, le Maître est parvenu, sinon à créer, du moins à relancer dans l'air du temps une équitation portugaise qu'on ne pratiquait guère plus que dans les arènes.
Nombreux furent ses adeptes, tant au Portugal que dans le reste de l'Europe. Parmi eux, quelques grands cavaliers portugais méritent d'être auréolés de cinq brillantes étoiles (4), tant leur talent a permis de diffuser un enseignement oliveiriste teinté de leur touche personnelle : le Dr. Guilherme Borba, Dom Diogo de Bragança (Duque Lafões), Dom José et Dom Luís de Ataíde, Luís Valença Rodrigues et le fils du Maître, João Oliveira.
Dépensant le plus clair de son temps à l'étranger, pour des stages ou des séminaires, Nuno Oliveira a pu lier une profonde amitié avec son disciple français, Michel Henriquet, qui, aujourd'hui épaulé par son épouse et cavalière olympique Catherine Durand, continue à retranscrire, à travers ses écrits et ses vidéos, les instructions du grand écuyer disparu à 64 ans, en février 1989. Plus jeune, et extrêmement motivée par son élevage de chevaux lusitaniens qu'elle mène avec succès, Dany Lahaye reste sans doute l'une des dernières vraies élèves françaises du Maître.

Au-delà d'une équitation que certains dénigrent aujourd'hui, lui reprochant sa trop grande légèreté au mépris d'un engagement nécessaire pour la bonne exécution des allures et des figures, même les plus rassemblées soient-elles, Nuno Oliveira a indubitablement contribué à la renaissance du cheval lusitanien, tant dans son pays, que sur le plan européen, voire mondial.
Obligeant les éleveurs lusitaniens à ouvrir les yeux sur un marché européen lui-même avide d'appliquer les préceptes du maître avec ses mêmes chevaux ibériques, Nuno Oliveira a aussi incité les cavaliers portugais endormis sur leurs lauriers fleuris des étés méridionaux, à sauter dans leurs selles pour travailler avec un but nouveau, le but de promouvoir leur cheval lusitanien si talentueux, et de divulguer à qui voudrait le regarder, son art du dressage.

Même s'il continue de porter haut les couleurs espagnoles, Sergio Martin est installé au Portugal depuis plus de dix ans. L'excellent Picanço, du fer Sousa Cardoso, devrait pouvoir très vite l'accompagner en Grand Prix.

Le dressage de competition

Discipline relativement récente née au début du XXe siècle, le dressage de compétition doit son écriture officielle et sa reconnaissance universelle, à la main mise, implacable, des cavaliers et de leurs puissants éleveurs allemands et hollandais. Entièrement codifié par et pour eux, le dressage de compétition, s'il apparaît aujourd'hui peu fair-play, a pourtant eu le mérite d'oser lancer des défiss techniques, que les races « naturellement aptes au rassembler » le lusitanien en tête, n'avaient plus le courage d'affronter, en dehors des arènes.

Mirabelle Segard et Raio de la Coudelaria Santa Margarida.

"CALME, EN AVANT ET DROIT" !

Obnubilés par l'entendue du trot, par la qualité du pas, et par l'amplitude du galop, les dresseurs d'Europe du Nord ont-ils sans doute visé juste en ce qui concerne la rectitude du mouvement. S'appropriant sans complexes la célébrissime sentence du Maréchal Lhotte « calme, en avant et droit », elle-même fortement inspirée des mots heureux du Comte d'Aure « ...un cheval franc devant lui... droit devant lui... », ils ont su imposer un style d'équitation qui aujourd'hui fait chapelle partout dans le monde, dénigrant non sans un certain mépris, une équitation de haute école à la dérive, préoccupée principalement de ses seuls airs relevés, et oublieuse de la base essentielle qu'est la mise en avant, dans le calme et en ligne droite !

Mais si aujourd'hui, la suprématie de l'école allemande semble un rien ébranlée par l'insolence insouciante ou courageuse des petits chevaux ibériques, peut-être est-ce tout simplement parce que ses précepteurs germaniques ont omis, au profit de la perfection du mouvement, la notion d'esthétique, de grâce et de beauté, qui caractérise si bien les chevaux lusitaniens, et dans

Sol e Sombra ici à quatre ans, et Maria Moura Caetano.

Galopin de Lafont, lusitanien français, de l'élevage Massa, aujourd'hui monté par Daniel Pinto.

une moindre mesure, les chevaux de pure race espagnole...
Preuve en est la réflexion, à propos des lusitaniens, d'un entraîneur international de dressage, réputé, écouté et respecté : « Enfin des chevaux, qui, s'ils ne sont pas toujours parfaits dans leur technique, émeuvent par leur brio et forcent l'admiration. Le perfectionnisme rigoureux des chevaux allemands finit par lasser... »
Bénéficiant d'un engouement incontesté de quelques grands cavaliers et d'un retour en grâce d'une (toute petite) partie du milieu officiel et influent du dressage de compétition, le lusitanien se sent désormais très à son aise sur les rectangles officiels. Même si, dans ses notations, il reste encore en retrait des meilleurs Hanovriens, Westphaliens et autres chevaux du Nord, il peut leur donner leçon de ses allures rassemblées brillantes, de ses transitions éclairées et de ses pirouettes lumineuses, et il n'a plus à rougir de son pas et de son trot, qui s'améliorent sensiblement au fil des générations.
S'épanouissant un peu partout en Europe, à bon niveau national ou même international, le pur-sang lusitanien vient compter fleurette aux invincibles Allemands, qui semblent obligés de baisser la garde. N'a-t-on pas vu, au cours de l'été 2004, aux Jeux Olympiques d'Athènes, l'Équipe espagnole, composée d'un pur-sang lusitanien et de deux pure race espagnole, bousculer la hiérarchie habituelle établie depuis tant d'olympiades qu'on ne les compte plus, et rafler la médaille d'argent ? Une médaille d'argent certes toujours derrière les Allemands... mais bien devant les Hollandais, qui écopent de la mauvaise médaille en chocolat et devant les Américains, qui profitent de la place laissée libre par les Pays-bas pour récupérer le bronze ! Fait historique de taille, l'équipe espagnole réunie autour de Beauvalais et de Beatriz Ferrer-Salat (médaillés de bronze en individuel) affiche fièrement un lusitanien, Guizo, sous la selle de Juan Antonio Jiménez Cobo, et de deux P.R.E., Invasor (avec Rafael Soto, ensemble pour une troisième olympiade), et Oleaje (avec Ignacio Rambla). Né en 1988 au Portugal à la Fondation Eugénio de Almeida, le beau Guizo, tout de bai moiré, intègre l'équipe nationale espagnole avec ce même cavalier en 1998. Depuis, le couple a participé aux Jeux Olympiques de Sydney en 2000, rapportant avec l'Equipe espagnole, une cinquième place. En 2002, lors des Championnats du monde qui se déroulaient à Jerez de la Frontera en Andalousie, c'est même d'une médaille de bronze dont l'Équipe se pare... Quant au podium exceptionnel d'Athènes, qui signe là un exploit encore jamais édité, il pourrait entériner inéluctablement un changement des mentalités dans le monde du dressage international, ouvrant enfin la grand'porte aux chevaux ibériques. Le recul manque, malheureusement, et seules les années à venir confirmeront ou démentiront la tendance.
N'avait-on pas vu, plus de vint ans auparavant, Catherine Durand et son fameux Orphée, ouvrir les hostilités lusitano-allemandes au plus haut niveau, quand, en 1992, le couple participa sans démériter, aux Jeux Olympiques de Barcelone. S'ils n'en revinrent pas médaillés, au moins eurent-ils le mérite et le courage d'ouvrir une brèche dans la montagne germanique, une brèche, qui, depuis, tend à s'élargir, au point, peut-être de faire céder le roc...
Depuis, des Vanini, dans le circuit mondial, sous la selle française de Constance Ménard, des Dao de Courenne avec Magali Delgado et Duche avec Dany Lahaye dans le circuit français, des Owni, avec Martina Hannover Sternberg, dans le circuit allemand, et combien d'autres... quoique notés toujours très sévèrement, n'en restent pas moins motivés et convaincus, et, telles des fourmis minutieuses, continuent à tailler la pierre, lentement mais sûrement.

LE PORTUGAL SE LANCE À CORPS PERDU SUR LES RECTANGLES DE DRESSAGE

L'absence évidente de cavaliers portugais dans cette déferlante lusitanienne peut surprendre.
Incrédules, peut-être, indifférents, sans doute, préoccupés surtout de tauromachie et de haute école, ils ont mis du temps à réagir. Le contrecoup en est d'autant plus vif. L'heure portugaise est aujourd'hui au tout-dressage. Tout le monde dresse, tout le monde élève pour dresser, partout, tout le temps, avec un appétit boulimique. Conscients des carrières potentielles internationales qui pourraient s'ouvrir à eux, les cavaliers d'équitation portugaise ou d'équitation de travail troquent sans regrets leur traje (1) traditionnel, pour enfiler la culotte anglaise et le frac germain. Les éleveurs n'écoutent plus les toreros que d'une oreille distraite, et consacrent leurs meilleurs produits aux meilleurs cavaliers de dressage... À tort ou à raison, le petit monde portugais du lusitanien se jette à corps perdu dans la compétition, naviguant à tâtons, dans le bon sens, un jour, en dépit du bon sens, le lende-

Miguel Nuno Ralão Duarte, cavalier de dressage émérite, et Regente, né chez João Pedro Rodrigues.

main, comme pour rattraper de manière désespérée, les années perdues d'un sommeil trop profond.

Conscient de ces débordements excessifs et sans doute dangereux à long terme pour la race, l'A.P.S.L. a décidé de monter un « Team Lusitano », qui fédère les meilleurs chevaux et cavaliers portugais, afin de les canaliser, les préparer, les entraîner sous l'œil avisé de la cavalière allemande Martina Hannover Sternberg. Ainsi retrouve-t-on en tête de liste, les jeunes chevaux prometteurs, Spartacus, et sa cavalière Jeannette Jenny, et Sigonha sous la selle de Miguel Nuno Ralão Duarte. Les deux ayant dominé les cinq semaines de compétition de la Tournée du Soleil, à de Vejer de la Frontera, en février et mars 2004, ils ont gagné leur place pour les finales mondiales tant convoitées des jeunes chevaux de dressage, à Verden au mois d'août 2004, où Spartacus termine huitième sur trente.

Aspirés par la spirale stimulante du Team Lusitano, espérant sans doute secrètement une sélection prochaine ou à venir, certains cavaliers, soutenus par des éleveurs connaisseurs et réfléchis, sortent brillamment leur épingle du jeu, travaillant assidû-

(1) Traje, signifie en portugais costume. Par extension, dans le monde du cheval, il signifie la tenue traditionnelle d'équitation. (cf. p. 166)

André Parate et Landim dans un changement de pied distingué. Après s'être essayé à la tauromachie avec Pablo Hermoso de Mendoza, Landim s'est fait remarquer en dressage sous la selle de Daniel Pinto, en remportant la première Coupe Ibérique.

Cavalier olympique rodé aux chevaux allemands, Daniel Pinto a pourtant choisi de se consacrer désormais aux lusitaniens. Ici, avec deux des chevaux qui lui sont confiés au travail. Ci-dessus, Galopin de Lafont ; ci-dessous, Maestro ; et en page 192, l'incroyable Nostradamus-Top.

ment pour des résultats somme toute assez probants. Ainsi, les épreuves nationales de dressage ont atteint, en quelques années d'existence, un taux de fréquentation élevé et un niveau des plus honorables.

Motivés à l'excès, les jeunes cavaliers de dressage tentent de partir en stages en Allemagne, en Belgique, et même en France. Certains, même, n'en reviennent jamais, convaincus que le seul salut du dressage s'opère avec les races du Nord. Ainsi en est-t-il de l'ancien cavalier de l'Ecole Portugaise, Nuno Palma, aujourd'hui installé en Allemagne. Ainsi en a-t-il été, aussi, de Carlos Pinto, établi en France depuis plus de vingt ans, qui après n'avoir eu d'yeux que pour les seuls chevaux allemands, semble aujourd'hui reconnaître une petite saveur au lusitanien, qu'il avait sans doute oubliée.

Mais dans leur plus grande majorité, les cavaliers portugais qui s'expatrient en Europe du Nord vont puiser là-haut les connaissances et l'expérience qu'ils n'ont pas, pour les appliquer, ensuite, à leurs fidèles lusitaniens. Et si l'on en croit le parcours de Daniel Pinto, peu importe le temps passé hors du pays, tant que l'on en revient le cœur chargé d'ambitions les plus folles et de rêves pourquoi pas tangibles, qui tous voudraient porter, sur le devant de la scène mondiale, les meilleurs chevaux lusitaniens.

Formé à cheval par Luís Valença dans sa très tendre enfance, Daniel Pinto a suivi son brillant aîné Carlos en France, pour qu'il lui enseigne les secrets d'une bonne équitation. Naviguant ensuite, pendant une dizaine d'années entre l'Alsace et le Piémont italien, il poursuit une jolie carrière de compétition. Brillant dans le circuit international avec, notamment, son cheval de tête hanovrien, Weldone Surprise, excellent « Saint-georgiste » **(2)**, il l'entraîne même jusqu'à Sydney, pour participer aux Jeux Olympiques de l'an 2000. Alors, et jusqu'en 2003, le couple enchaîne les grands prix avec succès. Décidant avec sa femme Aude, sur un coup de tête, de rentrer au pays, le seul cavalier olympique portugais en dressage, a choisi, de se consacrer principalement aux chevaux lusitaniens, profondément convaincu de leurs qualités intrinsèques.

Parmi les grands espoirs qu'héberge Daniel Pinto dans ses écuries près de Lisbonne, l'incroyable « poney » venu du Brésil, Nostradamus Top, appartenant désormais à Miguel Felix da Costa, qui, du haut de son petit 1 m 60, se permet un trot allongé à faire pâlir les plus grands cracks… Citons aussi le majestueux bai brun Galopin de Lafont, du fer français Sylvain Massa, aux appuyer insensés, ou encore le puissant Maestro, au physique magnifiquement baroque, né chez Guilherme Borba, appartenant aussi à Sylvain Massa, ou enfin le jeunot des écuries, Semanario, aux fameuses couleurs noires de la Coudelaria Ortigão Costa.

DES AMBASSADEURS ÉTRANGERS

Si le lusitanien d'aujourd'hui a le pouvoir de ramener dans son giron ses ouailles perdues hier, il attire à lui de plus en plus de cavaliers étrangers, qui, définitivement acquis à sa cause, et séduits par le pays et ses habitants, ont même choisi de se fixer au Portugal.

Ainsi en est-il de l'Autrichienne Jeannette Jenny. Venue, voici dix ans, en vacances, suivre un stage d'un mois chez Bento Castelhano, elle est restée sept ans chez Nuno Palma, pour ensuite s'installer ensuite à son propre compte ! À son arrivée au Portugal, la jeune cavalière n'avait qu'une idée très floue du cheval lusitanien, ce cousin lointain des Lippizan de Vienne. Elle l'a découvert sur place, et tant apprécié, qu'elle a choisi de ne plus le quitter. Aujourd'hui, Jeannette Jenny peut se targuer d'avoir l'un des meilleurs piquets de lusitaniens du Portugal, puisqu'elle

Miguel Nuno Ralão Duarte et Relento, du fer Pedro Sousa Viera.

monte et sort en concours l'extraordinaire Spartacus, le très bon Rodopio, le puissant Oeste, le joli Tarik…

Citons aussi l'excellent cavalier espagnol Sergio Martin. Originaire de Ciudad Rodrigo, à mi-chemin entre Salamanque et Guarda, Sergio Martin a choisi de s'installer au Nord du Portugal depuis plus de 10 ans. Entre autres chevaux allemands et cruzados P.R.E., qu'il sort aussi pour certains, en Doma Vaquera **(3)**, il travaille les lusitaniens de Francisco Sousa Cardoso, l'un des rares éleveurs installés dans le Nord du pays, entre Porto et Amarante. Parmi eux, Picanço, appartenant aujourd'hui à M. Ventura Miranda, montre des aptitudes supérieures et ses performances en niveau Saint-George laissent supposer une future carrière en Grand Prix.

Jeannette Jenny et Tarik, de la Coudelaria Raposo Cordeiro.

(2) Sorte d'antichambre du grand prix, la reprise Saint George définit un niveau de dressage déjà très élevé, (appuyer, épaules en dedans, changement de pied aux deux temps, demi-pirouettes…). L'année passée au niveau Saint-George, souvent entre 7 et 9 ans, est une étape clef dans la carrière d'un cheval, qui prouve là s'il pourra poursuivre dans les voix du rassembler (passage, piaffer) pour le grand prix, ou s'il devra s'en tenir aux reprises Saint-George encore une bonne partie de sa vie…

(3) La Doma Vaquera est la discipline espagnole d'équitation de travail. Se pratiquant rênes dans la main gauche, la main droite tenant la garrocha, ce long bâton de gardians, elle n'accepte que le pas et le galop. Nécessitant des chevaux réactifs et assez puissants, elle réussit assez bien aux chevaux de pure race es-pagnole croisés avec du pur-sang anglais, arabe ou de l'anglo-arabe.

Maria Moura Caetano troque la tenue sport pour le costume traditionnel.

Terres équestres : le Portugal L'équitation de travail

Héritière des traditions ancestrales du travail du bétail à cheval, l'équitation de travail en tant que discipline de compétition n'avait d'autre choix que de prendre naissance dans le grand vivier taurin et bovin du pourtour méditerranéen. La petite dernière des sports équestres (avec le TREC (1)) est donc née dans les années 90 sous l'impulsion de l'Italie, suivie d'une France camarguaise et d'une Espagne, toutes deux très motivées. Aussi, la première épreuve de dimension européenne n'a-t-elle pas tardé à voir le jour, en 1996, avec comme participants, des équipes et des cavaliers venus de ces seuls trois pays.

NÉE DES TRADITIONS

Puisant ses sources jusqu'à l'âge de bronze, aux lendemains de la domestication du cheval, l'une des plus anciennes activités équestres jamais pratiquées se voit, depuis une dizaine d'années, mise au goût d'un jour sportif, nantie du terme de discipline de compétition, et pourvue d'un règlement international, d'un circuit de compétitions nationales et internationales, d'un championnat d'Europe, et même du monde...
Bénéficiant de l'engouement actuel pour les races authentiques et rustiques, l'équitation de travail en tant que discipline sportive semble satisfaire la vague archi-tendance d'un retour au vert et à ses valeurs champêtres. Jouant la carte du folklore, elle n'ouvre ses portes qu'aux races de chevaux au passé de travail du bétail, et à leurs gardiens vêtus du costume traditionnel.

(1) TREC = Technique de randonnées équestres en compétition. L'une des dernières nées dans le monde de l'équitation, le TREC est une discipline récente qui vise à codifier la randonnée pour qu'elle puisse se courir dans le cadre de compétitions. Au programme, épreuves d'orientation, parcours en terrains variés etc...

Petite nouvelle des sports équestres, l'équitation de travail allie habilement les genres, entre traditions rurales et dressage moderne.

FERNANDO SOMMER D'ANDRADE ET L'ÉQUITATION PORTUGAISE

Reflétant parfaitement l'âme de l'équitation à la manière portugaise, l'équitation de travail semble avoir été écrite et codifiée pour elle. Bien qu'elle soit née en Italie, sans doute s'est-elle fortement inspirée des travaux que Fernando Sommer d'Andrade avait tenté de codifier dans les années 80, avec un succès notable. Souhaitant à tout prix créer une discipline par et pour le cheval lusitanien, le grand éleveur avait eu l'idée d'élaborer un règlement d'équitation portugaise, qui mettait en exergue, tant la présentation classique et traditionnelle du cavalier, que les aptitudes spécifiques du cheval lusitanien dans son environnement naturel de travail.
Ainsi, il avait mis au point un règlement de dressage, séparant en deux groupes A et B, les chevaux avancés des chevaux débutants. Ces derniers bénéficiant d'un régime de faveur, pouvaient être présentés à deux mains, tandis que leurs aînés devaient être capables de répondre aux sollicitations de la seule main gauche des cavaliers.
Si l'équitation portugaise a été pratiquée assidûment sur les terrains de Golegã, de Campo Grande lors du Festival international et d'autres manifestations équestres, elle connaît une perte d'intérêt un peu inéluctable, due essentiellement à la montée en puissance de l'équitation de travail. En revanche, elle a permis de fournir sans délai la jeune équipe portugaise d'équitation de travail, en cavaliers aguerris à ce type d'exercices (Bento Castelhano, Jorge Sousa, relayés ensuite par João Lynce, Pedro Torres, Rodrigo Torres, Joaquim Salvador, Ricardo Moura Tavares, Paulo Santos… et les deux cavalières émérites, Maria Moura Caetano et Maria Vinhas).
Dans tous les cas, l'équitation portugaise reste très appréciée comme épreuve préparatoire, avant d'entamer le circuit, somme toute assez long des quatre épreuves d'équitation de travail.
Décédé en 1991, le tant estimé Fernando Sommer d'Andrade ne vit malheureusement pas l'application de son équitation portugaise à toute l'Europe et même une partie du monde, l'équitation de travail n'étant, en fait, que l'élargissement de son concept à plusieurs peuples.

César Marques et Recife, Coudelaria Felix da Costa, lors de l'épreuve de maniabilité du Festival international du pur-sang lusitanien 2004.

César Marques et Recife, lors de l'épreuve de dressage.

Ainsi la France est-elle représentée par ses fameux petits chevaux Camargue au courage légendaire, et leurs rudes manadiers et gardians à l'accent chantant du Midi. Ils donnent la réplique aux pittoresques gardians italiens, les butteri, venus de la région de Maremme, en Toscane, avec leurs chevaux bais maremmano, très rustiques mais tout de même assez fins, puisque la race, peu fixée, a subi un apport important de pur-sang anglais. Face aux sélections très locales de la France et de l'Italie, l'Espagne et le Portugal peuvent se permettre d'annoncer un recrutement à un niveau national, tant pour les chevaux que pour leurs cavaliers. Pays incontestés du toro bravo, pays éleveurs de bétail en extensif, leur culture équestre s'est imposée, si ce n'est d'un bout à l'autre de leurs frontières, en tout cas dans la majeure partie de leurs territoires. L'Espagne, donc, s'invite avec ses chevaux cruzados, issus du croisement heureux et réussi entre le cheval de pure race espagnole et le cheval anglo-arabe, ou le pur-sang anglais ou arabe. Quant au Portugal, ses couleurs sont, bien entendu, brillamment défendues par son cheval lusitanien, décidément polyvalent, accompagné, pour l'occasion, de ses cavaliers en traje traditionnel.
Limitée aux quelques races de travail européennes, l'équitation de travail n'aurait pas pu survivre, et encore moins s'étendre à d'autres pays que ces seuls quatre méridionaux, ni même gagner en réputation au point d'intéresser, peut-être un jour,

Maria de Jesus V. Porto et Rijo, au repos.

les Fédérations équestres nationales, si elle n'avait pas accepté l'ouverture à des équipes étrangères, quoique sans traditions de travail du bétail. Ainsi, les Allemands, les Anglais, les Belges ont-ils rejoint le cercle restreint des pays latins foncièrement concernés. Encore plus radicale, l'arrivée du Brésil et du Mexique dans le giron européen permet même d'organiser des Championnats du monde !

UNE DISCIPLINE ENCORE TÂTONNANTE...

Pourtant, si l'idée de bâtir et d'élaborer une discipline de compétition autour de l'équitation de travail semble judicieuse, sa réalisation, à niveau international, et plus encore mondial, reste encore périlleuse. Et après l'euphorie des premières années, la jeune équitation de travail, fière de son succès grandissant, se doit de faire le point. En effet, le défi lancé voici une dizaine d'années n'est pas encore complètement relevé, et il reste des difficultés de taille. Comment mesurer sur une même échelle, noter suivant les mêmes barèmes, des équipes aux passés divers, aux coutumes variées, aux cheptels très différents, et surtout aux chevaux radicalement incomparables ? Comment juger équitablement, dans l'épreuve de dressage surtout, un cheval lusitanien doué pour la haute école, et un cheval Camargue, dont seul le galop plein pot est déboussolant ? Comment apprécier les chronos d'un maremmano un peu rustique, et d'une petite bombe hispano-anglo-arabe ou encore d'un lusitanien très Veiga et plein du sang,...

...ÉCRITE POUR LE CHEVAL LUSITANIEN

Quoi qu'il en soit, telle qu'elle se pratique aujourd'hui, l'équitation de travail sert royalement le cheval lusitanien, ses éleveurs et ses cavaliers, leur apportant, sur un plateau d'argent, toutes les épreuves et les notations les plus adaptées à leurs compétences réunies ! Recherche d'un travail effectué dans une attitude soumise quoique dynamique et tonique, dans une impulsion très rassemblée mais toujours engagée et engageante ; dressage de haut vol, fleuretant avec le dressage de compétition ; épreuves de maniabilité qui satisfont les plus souples et plus agiles ; épreuves de rapidité raflées par les plus puissants... À croire décidément que l'équitation de travail, trop fortement inspirée des travaux de Fernando Sommer d'Andrade pour la création d'une équitation portugaise, a été conçue pour le lusitanien !

Les palmarès parlent d'eux-mêmes. Rejoignant sur le tard les trois autres pays fondateurs, le Portugal répond posi-

Le Carrousel des garrochas réunit dans un spectacle réussi, les cavaliers d'équitation de travail de l'Équipe portugaise, afin de promouvoir l'équitation portugaise dans le monde.

tivement en 1997 à l'invitation lancée par l'Espagne pour venir participer aux Championnats d'Europe qui se couraient à Séville. Sans connaître réellement les règles de la discipline, l'équipe arrive à sortir son épingle du jeu, et rentre, séduite par ce concept somme toute assez proche de l'équitation portugaise. Organisant dans la foulée sa première compétition nationale en 98, le Portugal reçoit, la même année, et gagne, à Santarém, les Championnats d'Europe ! Réussissant d'entrée de jeu un brillant doublé, l'Équipe nationale portugaise réalise l'exploit de remporter le Championnat par équipe, et en individuel, avec Bento Castelhano, et son cheval Hortelão de la Coudelaria Romão Tavares, qui conservera son titre européen l'année suivante, toujours avec un étalon du même élevage, Iberico.

Depuis, les titres européens et mondiaux s'enchaînent. En 2000, à Camaiori, en Italie, Navalha et son cavalier Ricardo Moura Tavares remportent une médaille d'argent. En 2003, le Championnat d'Europe organisé en novembre au Salon de Montpellier félicitait João Lynce pour son titre individuel, ainsi que l'équipe portugaise pour sa médaille d'argent… de l'argent transformé en or, le temps des deux derniers Championnats du monde !

DEUX NIVEAUX D'ÉPREUVES

En pleine croissance, et en pleine crise d'autorité liée à l'adolescence, les jeunes chevaux en dessous de six ans, ont droit à un régime un peu spécial. Qu'ils soient très prometteurs ou non, tous n'en sont encore qu'aux balbutiements du dressage en vue d'un hypothétique haut niveau et manquent sincèrement d'expérience et de maturité. Aussi bénéficient-ils d'épreuves adaptées à leur statut de débutants. Ils sont donc montés à deux mains, sur quatre rênes, les rênes de filet et les rênes de bride. Passé l'âge fatidique de sept ans, ils entrent dans la catégorie des chevaux d'âge, capables d'assumer un dressage pointilleux. Ils sont alors présentés sur la seule rêne de bride tenue de la main gauche, tandis que la main droite, ramenée au pli de la veste, tient une badine de bois qui se dresse vers le ciel. Au-delà de l'exploit sportif, cette attitude reflète une réalité traditionnelle évidente : la tauromachie et le tri de bétail, qui demandent d'avoir la main droite libre pour tenir les banderilles ou les garrochas.

QUATRE ÉPREUVES BIEN DISTINCTES

Jeunes et moins jeunes, montés à deux mains ou à une seule, tous sont soumis aux mêmes types d'une compétition qui se court en quatre manches :

Le dressage, comme base nécessaire à toute bonne équitation, se voit le privilège d'ouvrir le bal. Se déroulant sur une piste aux dimensions officielles de 20 x 60 m, les reprises imposées insistent beaucoup sur tous les exercices qui prouvent la fonctionnalité du cheval, sa souplesse, sa rectitude, sa force. Ainsi,

Maria de Jesus V. Porto et Rijo lancés à fond dans l'épreuve de vitesse.

David O. Santos et son cheval à plein galop dans l'épreuve de vitesse qui se court au chrono.

Le même couple lors de l'épreuve de maniabilité, qui demande au cheval, concentration, calme, et stoïcisme dans toutes les situations !

Petite contorsion dans un changement de direction pour Rouxinol, qui permet à son cavalier Pedro Torres de gagner des centièmes de secondes !

Des qualités également requises pour l'épreuve de tri de bétail, qui exige, en supplément, une âme de cheval torero. Ici Ricardo Moura Tavares et sa jument Navalha, parviennent à isoler le bœuf qui leur est désigné.

les chevaux d'âge doivent réciter, dans des allures très rassemblées, leurs grands classiques : pirouettes au galop, épaules en dedans, appuyer, changements de pied au galop aux deux temps et au temps, trot moyen, allongement au pas…

Deuxième dans le programme, l'épreuve de maniabilité se risque sur un parcours semé d'obstacles délicats et d'embûches ingénieuses qui visent à prouver tant l'habileté du cavalier que l'agilité de sa monture, ses aptitudes physiques et son niveau de dressage. Qu'il s'agisse d'ouvrir un portail poids plume, et de le refermer sans mettre pied-à-terre, qu'il s'agisse de slalomer autour de poteaux très rapprochés en changeant de pied au galop, qu'il s'agisse de contourner des barres posées au sol, qui dessinent un dédale serré, sans en toucher une seule… toutes ses difficultés mettent en application, de manière radicale et très concrète, les enseignements de l'épreuve précédente.

L'épreuve de rapidité, ensuite, s'avère souvent la plus impressionnante. Reprenant quasiment le même tracé que l'épreuve de maniabilité, avec cependant quelques adaptations utiles, elle met en exergue d'autres qualités du couple concurrent, puisqu'elle se joue au chronomètre. Au cours d'un parcours dé-janté, tenté « à fond les ballons » malgré les risques de glissades, le cheval fait étal de toute sa puissance, de tout son moteur, à travers sa rapidité, sa classe de galop, l'amplitude de ses foulées, ainsi que sa capacité à « s'asseoir » sur les postérieurs pour freiner en une courte foulée, et à rebondir, pour se jeter

aussitôt, à plein galop, dans une autre direction. Décoiffant ! Enfin, pour évoquer la réalité de l'équitation de travail, la dernière épreuve consiste en un tri de bétail par équipe de quatre, où chaque concurrent, noté à tour de rôle, a pour mission, assisté de son petit clan, d'isoler un bœuf identifié et attitré, du reste du troupeau, en une poignée de secondes. Épreuve folklorique et dynamique s'il en est, le tri de bétail demande des infrastructures adaptées, que beaucoup de centres organisateurs ne peuvent malheureusement pas assurer. Aussi le tri de bétail reste pour l'instant facultatif, du moins au niveau national.

L'attelage composé des quatre chevaux de José Manuel de Mello, et mené par Félix-Marie Brasseur, champion du monde en 1996, à Waregem, en Belgique. Ici, lors du marathon du concours international de Compiègne.

Du saut d'obstacles à l'attelage

Incontestablement doué en dressage, qu'il soit dressage de compétition, de haute école ou d'équitation de travail, le cheval lusitanien moderne se montre aussi polyvalent que le cheval des rois de l'ancien temps. Cheval de parade, de guerre et de corrida, il a su opérer une reconversion vitale à sa survie, s'immisçant en toute légitimité dans presque tous les domaines sportifs. Aussi, outre les différentes formes de dressage, peut-il afficher sans honte quelques compétences plus ou moins discrètes, plus ou moins glorieuses, dans des disciplines équestres telles le saut d'obstacles, le concours complet, le horse-ball et l'attelage.

Dans le musée privé de José Manuel de Mello, le landau qu'il menait dans son enfance. En arrière-plan, une impressionnante collection de harnais.

L'OBSTACLE AVEC MODÉRATION

Le jumping et le concours complet sont sans aucun doute les disciplines où le lusitanien excelle le moins. Sa morphologie si typique marquée par l'axe de son épaule, la forme de sa croupe, et son rein court, qui lui rend tant de services en dressage, lui nuit gravement lorsqu'il s'agit de franchir des obstacles. "Sauteur" modeste mais honnête, le cheval lusitanien peut toutefois enchaîner un bon parcours à 1,20 m, et il sait satisfaire les cavaliers amateurs par sa générosité, faute de génie sur les barres. Parce qu'il faut une exception pour confirmer la règle, le cheval lusitanien s'est trouvé un ambassadeur extraordinaire, Novilheiro, présent, au cours des années 80, sur les plus prestigieux terrains de concours internationaux. Né en 1971 du mariage célèbre entre Firme (SA) et Guerrita (MV), Novilheiro a connu une carrière hors norme, divulguant au gré de ses parcours sans faute, une image encore inconnue du cheval lusitanien, celle d'un véritable cheval de sport. Élève chez Manuel Tavares Veiga, il est d'abord importé en France puis en Grande-Bretagne, où il fait ses premières armes en Grand Prix de dressage avant de s'es-

Le travail aux longues rênes est essentiel pour bien préparer les chevaux d'attelage.

Un cric vieux de quelque 400 ans !

sayer au concours complet. Repéré alors par le cavalier olympique anglais John Whitaker, Novilheiro rejoint ses écuries où il côtoie l'un des deux monstres sacrés de l'obstacle de tous les temps : Milton, le géant blanc **(1)**. Nullement gêné de la comparaison, le blanc Novilheiro se révèle au contraire un excellent compétiteur. Engagé dans les épreuves du plus haut niveau européen dès 1982, il se promène sur les terrains d'Allemagne, d'Irlande, de Belgique, de Hollande… En 1983, il parvient même à se hisser douzième du "top 20" mondial ! Rapatrié en 1987 au Portugal pour poursuivre une brillante carrière de reproducteur chez Arsénio Raposo Cordeiro, Novilheiro a marqué de son empreinte lusitanienne tous les esprits du jumping.

Doté d'une force hors norme et d'un physique atypique, Novilheiro n'était-il qu'un cas d'école, qu'une exception, l'exception lusitanienne ? On peut en douter. En effet, si, dans sa grande majorité, le cheval lusitanien n'a pas usurpé sa maigre réputation pour ses médiocres talents à l'obstacle, il se pourrait, très certainement, que d'autres Novilheiros au génie ignoré sommeillent quelque part au fond d'une écurie, ou s'évertuent à se faire connaître dans les arènes ou sur les rectangles de dressage, sans jamais avoir tenté de sauter une petite barre.

LE HORSE-BALL PASSIONNÉMENT

Sport récent en pleine expansion, le horse-ball a été créé par deux Français, les frères Bernard et Jean-Paul Depons dans les années 1970, dans l'optique de prendre le contre-pied du polo, résolument trop élitiste. Se réclamant donc d'une solide vocation démocratique, le horse-ball se veut un sport d'équipe accessible pécuniairement à tous les cavaliers dès leur plus jeune âge, et particulièrement aux cavaliers de club, qui, faute d'argent et de chevaux personnels, sont abonnés absents des autres circuits de compétition.

Si la barrière financière semble tomber pour une fois dans le monde du cheval, il en est une autre qui se dresse aussitôt, laissant derrière elle bon nombre de pratiquants : le horse-ball, éprouvant et très physique, exige une excellente santé générale et cardiaque, ainsi qu'un moral à toute épreuve, tant pour ses cavaliers que pour ses chevaux ou ses poneys. Pourtant, à l'origine, les frères Depons l'avaient conçu moins rapide mais plus technique, moins sportif mais plus artistique, à l'image du

(1) L'autre monstre sacré, contemporain de Milton, était le petit « Bout de Zan » de son vrai nom Jappeloup, monté pour la France par Pierre Durand. Médaille d'or aux Jeux Olympiques de Séoul, 1988.

Les quatre Champions du monde, Favorito et Fraque, à la robe baie, Falção et Fogoso, blancs, ici lors de l'épreuve de dressage à Compiègne.

Le bai Favorito a repris
le collier pour former
le jeune Raja.

Entraînement rigoureux pour Rewisor et Qowento qui semblent s'assortir tellement bien qu'il semble ne faire qu'un !Le travail commence toujours par une très longue détente au pas dans les chemins de Monte de Ravasqueira.

cheval lusitanien qu'ils souhaitaient comme monture idéale pour les cavaliers de horse-ball. Mais le succès fulgurant de cette nouvelle discipline dite de club, d'abord en France, puis dans toute l'Europe, a transformé les ambitions premières du créateur en une réalité quelque peu différente. Les cavaleries des centres équestres qui se lancent dans l'aventure, disparates et hétérogènes, ne peuvent prétendre à la qualité de dressage, de rassembler, d'esthétique du lusitanien. En revanche, la plupart, composées pour l'essentiel de chevaux de club sans papiers ni prétentions de titre, peuvent s'avérer de redoutables équipes sportives, solides, résistantes et véloces. Aussi, pour coller à la demande sans cesse croissante des jeunes et des très jeunes, et pour s'adapter à une cavalerie peu qualifiée mais courageuse, le horse-ball a du rapidement évoluer vers ce sport dynamique, intense, presque violent, et de plus en plus apprécié du public...
Et si, à haut niveau, le lusitanien peut encore trouver sa place à certains postes dans certaines équipes, il est évident qu'on lui préfère des chevaux plus réactifs, plus rapides... et moins chers, comme l'anglo-arabe ou le cruzado, issu du lusitanien ou du P.R.E. Fort de ses chevaux au profil adapté, qu'ils soient pur-sang lusitanien ou cruzados, le Portugal peut se targuer d'être la seconde nation du horse-ball. Il s'est enthousiasmé pour ce sport en 1988, lors d'une démonstration de l'Equipe de France de horse-ball donnée à l'occasion de la Foire de Golegã. À peine les festivités terminées, trois équipes portugaises se sont aussitôt formées : celle de l'Ecole d'équitation de Fernando Ralão à Lisbonne, celle du Centre Equestre de Lezíria Grande (Luís Valença) à Vila Franca, et celle de la Garde nationale républicaine (GNR). Enchantés de ce succès international naissant, les Français viennent entraîner les jeunes équipes portugaises dans les premiers mois de l'année 1989. Le fil de l'histoire est malheureusement interrompu pendant plus d'un an et demi, jusqu'au début de l'année 1991, par la fermeture des frontières en raison de l'épidémie de peste équine espagnole. Il reprend ensuite de plus belle. Des liens se tissent entre équipes françaises et portugaises, ces dernières s'élevant désormais au nombre de huit à niveau national et international. Quant à l'Equipe du Portugal, entraînée par João Ralão Duarte, par ailleurs secrétaire général de l'A.P.S.L. jusqu'en 2000 et depuis 2002, elle s'est emparée pendant quelques années du titre de Vice-Championne d'Europe derrière la France. Et il est fort à parier qu'elle devrait retrouver rapidement sa place attitrée, d'autant que cette année, le Championnat d'Europe se déroulera en septembre 2004, dans l'Alentejo, à Reguengos de Monsaraz.

L'ATTELAGE, UNE DISCIPLINE DE PRÉDILECTION ?

Se rappelant au souvenir du bon vieux temps, l'attelage, plus que toutes les autres disciplines actuelles, construit un pont entre l'histoire et le présent, entre un passé à vocation utilitaire et une actualité sportive et ludique. Héritier en ligne directe d'une époque bel et bien périmée, antérieure à l'automobile et au tracteur, l'attelage garde un petit goût suranné charmant et charmeur, qui n'empêche en rien ses compétences hautement techniques et très physiques voire athlétiques.
Or s'il est un domaine en marge de ses autres disciplines de prédilection où le lusitanien peut prétendre à des aptitudes évidentes, c'est bien l'attelage. Et tant l'attelage d'antan, indispensable et nécessaire à la vie quotidienne, que celui d'aujourd'hui, tourné vers le loisir ou la compétition, qui répond aux exigences modernes.
La péninsule ibérique ne connaît pas de chevaux lourds. Son agriculture et son mode de vie lui ont permis de se satisfaire de ses seuls bœufs et mules pour aller travailler aux champs et aux bois, et de ses seuls chevaux pour aller à la guerre, aux troupeaux... et pour tirer carrosses, berlines et voitures. Dans leurs ouvrages, les grands écuyers français des XVIIe et XVIIIe siècles se sont montrés offusqués d'une telle utilisation, et ont crié à l'infamie. Comment ose-t-on, en effet, gâcher de tels chevaux à l'attelage ? Sans doute les écuyers des siècles dorés ont-ils été aveuglés par la face la plus brillante de l'iceberg lusitanien : son don pour la haute école, et pour l'équitation dite à la française, oubliant ainsi la qualité première du cheval lusitanien, sa polyvalence quasi absolue.
Robuste et résistant, le cheval ibérique sait tracter aussi bien qu'il sait porter. Et peut-être même mieux ? La plus belle preuve en est l'incroyable défi que s'est lancé M. José Manuel de Mello dans les années 90 : l'un de ses attelages à quatre lusitaniens serait, un jour, champion du monde. Chose promise, chose dûe ! L'attelage mené par Félix-Marie Brasseur obtient la consécra-

tion ultime en 1996 aux Championnats du Monde de Waregem, en Belgique. Presque une décennie plus tard, aucun lusitanien dans aucune discipline sportive, exceptée la très intimiste équitation de travail, n'a encore réédité l'exploit de se voir couronner d'une médaille d'or, soit-elle olympique, mondiale, ou même européenne…

Éleveur de longue date, José Manuel de Mello a été l'un des premiers à saisir l'importance, pour déverrouiller les portes du marché mondial, de transformer le "sympathique animal local" en un athlète international capable de rivaliser avec toutes les autres races dans toutes les disciplines de compétition. Passionné d'attelage depuis son plus jeune âge, c'est naturellement vers cette discipline qu'il se tourne pour mettre en pratique sa théorie. Après avoir assisté aux premiers Jeux équestres mondiaux qui se déroulent à Stockholm en 1990, José Manuel de Mello rentre au pays avec la ferme conviction que les chevaux lusitaniens, s'ils sont bien sélectionnés, bien entraînés, et bien menés, peuvent rivaliser avec les meilleurs attelages du circuit international. Aussi se met-il en quête de former deux paires, l'une grise, l'autre baie, qui semblent les plus propices à l'envergure du défi ; et il commence à les préparer sous l'œil avisé d'un "homme remarquable, un homme de cheval de génie", le Suisse Auguste Dubey, l'un des tout premiers meneurs titrés champions du monde. Par ailleurs, ayant repéré le Belge Félix-Marie Brasseur pour ses qualités hors pair notamment dans la gestion des obstacles, il lui propose de conduire son équipage en compétition. Le grand meneur accepte, et vient s'entraîner à Monte de Ravasqueira (2) une semaine par mois avec Auguste Dubey. Redoutable d'efficacité, le trio met en place un plan de travail quotidien, rigoureux et sérieux, étudié et adapté. Après un an de ce régime strict, l'équipe semble rodée pour affronter les prochains Jeux équestres mondiaux de La Haye de 1994. Elle en repart sans médaille, mais avec la très estimable première place dans l'épreuve de dressage. Reprenant le collier pour encore quelques mois, l'attelage de Mello-Brasseur entame l'année 1996 dans une forme olympique au point qu'aucune compétition internationale ne lui résiste, sauf le redoutable CHIO d'Aix-la-Chapelle, où il doit se contenter de la seconde place ! Désormais, la voix est libre pour atteindre l'Or du Championnat du monde… Le défi relevé avec éclat et brio, et l'exploit gravé dans les annales de l'histoire équestre, les quatre chevaux de José Manuel de Mello (les bais Favorito (JMM), Fraque (OGC), et les blancs Falção et Fogoso), à peine âgés de neuf ans, gouttent, au lendemain de leur victoire, à une retraite anticipée mais ô combien méritée.

Quelque huit ans plus tard, le même rêve hante à nouveau l'esprit du puissant industriel du Portugal. Et s'il se peut que ses deux bais Favorito et Fraque reprennent le service du haut de leurs dix-sept printemps d'adolescents, à côté de deux jeunots de six ou sept ans, José Manuel de Mello souhaite que ce prochain titre soit 100 % portugais. Aussi a-t-il choisi de confier les guides à de jeunes meneurs portugais, encadrés par Dom José d'Ataíde pour le travail sur le plat, et par Félix-Marie Brasseur, devenu à son tour entraîneur. Gageons que la méthode de travail rationnelle et méticuleuse qui avait si bien porté ses fruits en 1996, paie de même dans les années à venir…

(2) Monte de Ravasqueira est la propriété de José Manuel de Mello, située à quelques kilomètres d'Arraiolos, en plein cœur de l'Alentejo.

Le costume masculin,
tout en élégance et sobriété.

Le « traje português » ou le costume portuguais

Le costume traditionnel portugais mérite qu'on s'y arrête quelques instants pour le détailler. Élaboré au fil des siècles, et surtout très emprunt de la mode puritaine fin XIXe certes un peu guindée mais très élégante, le traje portugais d'équitation dit « de curto » a subi, au cours de la seconde moitié du XXe siècle, quelques déviances et hérésies que la tenue espagnole « de corto », assez cousine pour permettre la confusion, a inspirées. Le travail colossal d'investigation du Dr João Gorjão Clara et de son épouse Lina Gorjão Clara, publié en 1995 dans un livre de référence **(1)** a permis d'officialiser un retour massif à l'authentique costume porté à la fin du XIXe et au début du XXe siècle, que les concours de présentation, lancés au début des années 90 toujours par les époux Gorjão Clara décidément convaincus, avaient déjà remis au goût du jour. Initialisés d'abord à Golegã pour être ouverts ensuite à toutes les autres manifestations équestres de moindre importance, ces concours de présentation ont, en effet, largement favorisé sur le terrain, d'un bout à l'autre du Sud portugais, par le prestige qu'ils représentaient, cette réhabilitation du véritable costume portugais. Récompensant les cavalières et cavaliers les mieux vêtus, ils ont malheureusement été victimes de leur succès, provoquant ça et là des mécontentements que tout système de notation soumis au jugement humain ne peut contrecarrer d'un mot. Aussi ont-ils tiré leur révérence à l'aube du troisième millénaire. Mais qu'importe, après tout, puisque leur mission était accomplie.

Ainsi, à Golegã, lors de la fameuse foire de la Saint Martin qui réunit tant et tant de fidèles venus célébrer le cheval lusitanien, ne voit-on presque plus de ces tenues hétéroclites résultant d'un mélange lusitano-andalou dont personne n'avait réellement le secret. Au contraire, emballés par un phénomène de mode des plus estimables qu'un profond retour aux vraies traditions a insufflé, les cavaliers semblent vouloir s'afficher dans le costume d'époque, qu'il soit, par goût et par choix personnel, totalement portugais ou pourquoi pas pleinement espagnol. Le prix à payer n'en est pas moins élevé, dans la mesure où les tenues bâtardes aujourd'hui disparues ont été supplantées par des « non-tenues » : culottes d'équitation à l'anglaise, parkas modernes et vilaines chaps mal entretenues, ou pire, jeans sales et blousons de cuir viennent polluer la belle image d'un Golegã qui pourrait sembler immuable depuis un siècle.

Plusieurs fois gagnante lors de concours de présentation en traje portugaise, Tania Rodrigues ose les couleurs vives et les « manches de jambon » (emmanchures gonflées aux épaules), boudées par les cavalières modernes, et pourtant de rigueur dans la véritable tenue traditionnelle.

(1) ***O Traje Português de Equitação (The Portuguese Riding Costume)*** **: cf. bibiographie p. 207**

LE COSTUME FÉMININ

Si les femmes ont pu monter à califourchon plus ou moins occasionnellement au cours de l'histoire, notamment pour aller à la chasse, la vague puritaine de la seconde moitié du XIXe siècle y a mis un terme très net, prônant comme seule équitation décente pour la gente féminine, la monte en amazone. Défloraison des vierges, risques d'avortement et autres périls médicaux, les prétextes invoqués, qui aujourd'hui font sourire, étaient pris très au sérieux, au point que la fameuse promenade à califourchon de l'épouse du peintre Jacquet au Bois de Boulogne en 1885 fit fureur, passant pour la plus haute excentricité. Vingt ans après, environ, le combat des Américaines féministes commença pourtant à donner raison, aux États-Unis seulement, à l'audacieuse Française. Si la Grande-Bretagne et la France ont assez rapidement emboîté le pas de la vogue féministe, il en fut autrement au Portugal. Plus à cheval sur les principes, le pays prit son temps pour savourer les frasques féminines. Amazones donc pour quelques années encore, les cavalières portugaises n'ont pu retrouver le confort d'une équitation à califourchon que très timidement, à partir des joyeuses années 20, pour les plus libérées, voire des années 40, pour la grande majorité, bien plus réservée. Aussi, le traje féminin, né pour les amazones autour des années 1900, a-t-il dû subir quelques petites adaptations subtiles mais utiles, dans les années 40 et 50 pour le rendre compatible à une équitation à califourchon.

Pour ne dévoiler ni cheville ni pied, la cavalière doit porter des pantalons de golf légèrement bouffants, serrés à la cheville. Une sur-jupe fendue lui permet de monter à cheval à califourchon tout en restant élégante et féminine.

Dans l'un et l'autre cas, il est une règle de bienséance : la cavalière ne doit dévoiler, en aucun cas, ne serait-ce qu'un bout de mollet, ni même la pointe de sa cheville. Elle porte, pour ce faire, des pantalons de golf un peu bouffants et resserrés aux chevilles que s'empressent de masquer d'élégantes bottines à boutons. Une sur-jupe vient recouvrir les pantalons que seul un bon galop, peut-être trop enjoué, peut subrepticement révéler. Lorsqu'elle est d'amazone, la sur-jupe se croise en portefeuille, fortement, sur la gauche toujours, que des boutons sévèrement cousus, qui descendent jusqu'au départ de la cuisse, protègent de tout craquement impromptu. Sa longue traîne dissymétrique permet de bien recouvrir le pied gauche quand on est en selle, et s'accroche, quand on est à pied, à la chute des reins, d'une babiole brillante ou d'un bijou provoquant, que le puritanisme ambiant de la fin du XIXe, aveugle à ses heures, a toléré sans tollé ni même sans éclats !

La jaquette masculine, ajustée et non bouffante, et admet plusieurs formes d'encolure. La plus appréciée aujourd'hui est dite « à deux becs », comme sur la photo.

Retrouvant sa symétrie pour la monte à califourchon, ainsi qu'une longueur de coupe à hauteur de cheville pour pouvoir marcher aisément, la sur-jupe moderne se ferme devant et derrière, de quelques solides boutons ou plus simplement d'une couture bien renforcée, pour s'évaser librement, ensuite, en une sorte de fausse jupe-culotte. Correction oblige, chaque pan est retenu à la jambe par des élastiques qui leur évitent de valser au gré du vent et des galops impromptus, évoquant à chaque foulée, des pantalons décidément un peu trop intimes pour être montrés. Rarement arborée aujourd'hui au profit d'une jaquette **(2)** masculine plus sobre qui semble faire l'unanimité parmi les cavalières, la véritable jaquette féminine se targue de ses « manches gigot », littéralement « manches à jambon » (mangas de presunto), fortement gonflées aux épaules. Portée sur une fine chemise blanche à jabot que rehaussent une pierre précieuse, un peu d'or ou une belle lavallière souvent en satin noir, la jaquette de femme peut s'afficher sans rougir dans toutes les couleurs gaies, tout comme sa jupe et ses pantalons d'ailleurs, que seule l'habitude morose du gris et du noir a effacé des mémoires. Ainsi voit-on naître des doigts experts des meilleurs couturiers des tenues bordeaux, prune, vert bouteille, ocre, beige, sans qu'une seule faute de goût n'entame le souvenir des costumes les plus conven-tionnels du bon vieux temps…

LE COSTUME MASCULIN

Les hommes, moins encombrés du fatras rigoriste qui habille leurs élégantes, se voient tout de même vêtus d'un costume lui aussi savamment complexe.
Plutôt qu'un pantalon de golf, les cavaliers préfèrent porter un pantalon droit, de couleur sombre et unie, à pli mais sans revers **(2)**, un pantalon sobre et seyant, qui, pourtant remonte au mollet quand ils sont à cheval. Pour rester présentables et surtout, pour éviter tout frottement blessant au contact des étrivières, ils s'équipent de guêtres souvent assez grossières et de boots bien plus fines, toutes en cuir, ou bien aussi d'une paire de bottes montant à mi-mollet, dont l'usage prouverait sans doute à être assez récent. En effet, l'ensemble boots-guêtres semble mieux refléter laréalité des deux siècles passés, où, depuis la fin de l'époque napoléonienne, il était de bon ton de se présenter en tenue de ville chez son hôte, bien que l'on s'y soit rendu à cheval. D'un geste prompt, on ôtait ses mini-chaps **(3)** pour se retrouver chaussé et habillé le plus correctement du monde.
Preuve en est la composition raffinée, presque sophistiquée, du haut du traje masculin. Héritée indéniablement des queues de pie portées à pied, mais raccourcie à la taille, pour mieux monter à cheval, la jaquette, bien droite, ne s'attarde pas à dessiner les courbes arrondies du boléro espagnol, ainsi découpé dans le dos pour épouser les formes d'une selle au troussequin très

(2) Le pantalon espagnol est souvent gris anthracite rayé de blanc, et exige un revers de bas de pantalon, prohibé complètement dans la tenue portugaise.

(3) Chaps : terme américain pour désigner le mot guêtre. Préféré de la classe cavalière, le mot chaps s'est enrichi d'un sens bien plus large que son synonyme français. Il regroupe tant les guêtres courtes plus ou moins rigides utilisées en remplacement de la botte (désignées alors mini-chaps) que les protections longues, en cuir, qui recouvrent toute la jambe depuis le haut de la cuisse, utilisées principalement par les gauchos des pays d'Amérique Latine, les cow-boys des États-Unis ainsi que les rejoneadors espagnols.

Présentation irréprochable pour Bento Castelhano et son beau Regalo, devant les écuries du Dr Pedro Ferraz da Costa.

remonté. Avec ses emmanchures sobres, très ajustées et non bouffantes, à l'opposé de la jaquette féminine, la « jaleca » ou « abona » **(4)** d'homme arbore six sortes de cols, plus ou moins ouverts, plus ou moins stricts, dont le plus apprécié, aujourd'hui, semble être le compromis judicieux « à deux becs » (Gola de dois bicos), que quatre boutons répartis de part et d'autre des pans, mettent en valeur. Parmi les autres favoris, le col à grand revers et le col bandeau, rappelant celui de Mao très à la mode mais plus récent, rencontrent un succès certain.

Le gilet (colete) quant à lui, a connu une évolution marquante depuis le XVIIIe siècle. Couvrant largement la poitrine pour ne laisser dépasser qu'un bout de dentelle de chemise, au début du XIXe, il a perdu de sa hauteur au fil des décennies, s'arrêtant désormais à mi-tronc pour libérer et de mettre en valeur les plus beaux jabots, enrichis de boutons de col en or et pierreries. Sorte de ceinture-bandeau large et confortable, réalisée dans un satin souvent noir, la cinta est le privilège décoratif et exclusif des cavaliers et cavalières, des toreros, des chanteurs de fado et des paysans de l'Alentejo. Ceignant la taille pour mieux tenir les muscles abdominaux soumis à l'effort, elle permet aussi de lier, sans heurt, le bas et le haut du traje, qui pourraient paraître dépareillés pour peu que le corps qui les porte ne soit pas des plus harmonieux !

QUESTION DE BIENSÉANCE

Le chapeau portugais originel, porté jusqu'à l'introduction du chapeau Mazzantini dans les années 1880-1890, se raconte à travers une anecdote insolite. À bord assez large, et rehaussé d'un très léger revers, il avait le tort d'être fort bombé sur le dessus du crâne, un peu à la manière du chapeau melon, et se montrait, ainsi dodu, très impoli. En effet, comment le saisir d'une seule main, dans un geste élégant, pour se découvrir au passage d'une dame ou d'un seigneur ? Aussi a-t-on eu l'idée de lui taper dessus, d'un coup de poing bien senti, enfonçant le dôme jusqu'à le faire presque disparaître au centre du chapeau, pour créer de la sorte, un petit bourrelet qu'une main experte peut agripper discrètement.

Même aimablement embouti pour céder à la galanterie et la bienséance, le chapeau portugais n'a pas pu résister, à la fin du XIXe siècle, à la mode dévastatrice du Mazzantini. Torero espagnol à

La selle à piquer tient le cavalier confortablement en selle, et lui permet de rester des heures à cheval sans ressentir sans trop de fatigue.

Pedro Torres et Rouxinol s'essaient avec talent à l'obstacle en costume traditionnel !

grand succès né en 1856, Mazzantini offrit son épée **(5)** au roi portugais Carlos 1er, ainsi que son chapeau personnel, inspiré du type andalou, quoique bien plus bas que le haut chapeau sévillan. À bord long et ultra-plat, il présente un dessin sobre où même le dessus de tête se veut lui aussi totalement plat. Un siècle plus tard, le Mazzantini domine encore assez largement la mode actuelle du costume d'équitation portugais. Pourtant voit-on refleurir sur nombre de têtes, l'antique chapeau portugais, que la forme caractéristique d'un melon enfoncé, permet de repérer de loin !
Quant au chapeau féminin, les cavalières l'ont trop souvent troqué contre le chapeau d'homme. Aujourd'hui, il semble, par son charme désuet, regagner les faveurs des dames et reprendre à leurs yeux, du galon, un galon noir bien mérité. Contrairement au chapeau masculin, le chapeau traditionnel des cavalières se veut légèrement creusé, doté d'un petit bord cerné d'un léger revers, et orné sur le côté gauche, de deux pompons de soie noire.

Très pratique, l'ensemble boots-chaps se porte et s'enlève plus aisément qu'une paire de bottes. Les boots portugaises présentent un rebord de talon large et plat qui permet de bien maintenir en place la paire d'éperons.

DES TALONS À ÉTAGÈRES POUR DES ÉPERONS À LA PORTUGAISE

Que le cavalier préfère porter des boots ou des bottes, le talon portugais ne s'en trouve jamais modifié. Dans l'un et l'autre cas, il arbore une sorte de plate-forme assez basse, originale et étrange, qui vient contourner le pied, connue du seul Portugal et repérée peut-être dans un corps d'armée d'Italie. Désigné dans sa langue maternelle comme un talon à étagère (salto de prateleira), ce talon saugrenu joue pourtant un rôle si pratique qu'il semble suspect qu'il n'ait pas séduit d'autres contrées. En effet, il permet de recevoir et soutenir sans broncher les éperons dits portugais, que l'on enfile comme une broche, sans nécessairement les nouer autour du pied par une lanière.
Portés très bas, donc, puisque reposant sur le talon et non sur la malléole de la cheville, les éperons portugais s'avèrent principalement efficaces dans les arènes, puisqu'ils permettent au torero qui change de monture, de changer d'éperons en quelques fractions de secondes.

(4) Autres noms usités de temps en temps pour désigner la jaquette.
(5) L'épée de Mazzantini est encore visible à Vila Viçosa, jolie petite ville blanche de l'Alentejo, entre Estremoz et Elvas.

Luís Valença Rodrigues
et Lince à la pesade.

VII

L'ÉQUITATION DE TRADITION PORTUGAISE

Luís Valença Rodrigues
et Lince à la pesade.

De la tradition française à la tradition portugaise

« L'expérience a suffisamment fait connaître, que le Cheval d'Espagne est sans contredit de tous les Chevaux du monde le plus parfait pour le Manège, non seulement par rapport à sa taille, qui est très belle, mais aussi en ce qu'il est dispos, vigoureux et docile ; de sorte que tout ce qu'on lui enseigne avec raison et patience, il le comprend et l'exécute avec la dernière justesse. (...) En un mot, il semble que la Nature l'ait fait exprès pour le Manège : et véritablement, il n'y en a point qui le surpassent en cœur, en magnétisme, ni en feu. »

Ecrits au milieu du XVIIIe siècle, les mots élogieux du Baron Eisenberg **(1)** auraient pu être ceux d'un de nos contemporains, exception faite du style ancien. Une représentation donnée en habits Louis XV par l'École portugaise d'art équestre (l'E.P.A.E.) dans les Jardins de Queluz, un spectacle offert à l'étranger par Luís Valença Rodrigues et son équipe, en grande tenue également, suffisent aux cavaliers et aux néophytes à se replonger dans l'univers équestre que décrivait le Baron deux cent cinquante ans plus tôt. Figures emblématiques d'un Portugal qui renoue avec ses racines les plus glorieuses, l'E.P.A.E., institution d'Etat, et le Centre équestre privé de Lezíria Grande **(2)** se donnent amicalement le change pour rénover et restituer leurs lettres de noblesse à la haute école et l'équitation de manège de tradition française, en les parant, peut-être, d'un éclat portugais nouveau, initié par Nuno Oliveira. Fondée en 1979 par quatre écuyers motivés par des convictions profondes les plus louables, l'École portugaise d'art équestre a rallumé la flamme de l'Académie du Manège royal disparu dans les méandres du XIXe siècle, ravivant au passage celle de la Coudelaria de Alter, qui, bien qu'elle ne se soit jamais éteinte, avait perdu de sa brillance. À la veille de fêter son quart de siècle en compagnie de ses consœurs de Saumur et Jerez, l'École ne peut gommer la dernière ombre au tableau : le Manège royal de Belém semble bel et bien acquis à la cause du Musée des Carrosses et risque peu de s'en retourner à ses premières amours, pourtant légitimes...

Limiter la renaissance portugaise de l'équitation à la française à la seule E.P.A.E. serait faire affront à l'un des maîtres les plus respectés du monde équestre, et ce, d'un bout à l'autre de la planète cavalière : Luís Valença Rodrigues. Élève incontesté et inconditionnel de Nuno Oliveira, Luís Valença a hérité du Maître une équitation connue et reconnue de tous, qu'il décrit comme un savant mélange des préceptes de La Guérinière et de Baucher, enrichis de l'expérience oliveriste ; autrement dit, l'équitation de tradition portugaise.

(1) **Extrait de *L'Art de monter à cheval ou Description du manège moderne dans sa perfection*, 1759.**

(2) **Il s'agit du centre équestre de Luís Valença, situé en bordure du Tage à Vila Franca de Xira, à 25 km au nord de Lisbonne.**

L'École portugaise d'art équestre se prépare avant d'entrer en piste dans les jardins de Queluz.

La Coudelaria de Alter pour berceau royal

À trois kilomètres de la petite ville blanche de Alter do Chão, non loin de Portalegre, la Coudelaria de Alter abrite discrètement, en son sein nourricier riche de huit cents hectares, plus d'une centaine de chevaux ni tout à fait lusitaniens, ni tout à fait espagnols : les chevaux de Alter. Protégés des vallons florissants et prospères du Haut Alentejo que recouvrent d'innombrables oliviers et chêne-liège aux couleurs scintillantes, ils profitent paisiblement d'une sérénité et d'un prestige retrouvés.

Loin des tumultes de la belle Lisbonne, la Coudelaria de Alter, aujourd'hui rayonnante, garde pourtant, au plus profond d'elle-même, les stigmates d'un passé tour à tour fastueux puis douloureux, un passé qui ne s'est jamais interrompu, même aux heures les plus sombres, lui faisant ainsi l'honneur de la proclamer plus vieil élevage du Portugal.

Fondée le 9 décembre 1748 par le roi au long règne Dom João V (1) sous l'impulsion de son épouse autrichienne Dona

Tous les jours, la jumenterie de Alter quitte la cour du Haras pour regagner ses pâtures, menée par ses fidèles campinos. Au passage, elle s'arrête pour se désaltérer à l'immense abreuvoir qui jouxte l'entrée des prés.

Maria Ana qui vouait une grande passion à l'Ecole espagnole de Vienne, la Coudelaria de Alter Real **(2)** doit son emplacement isolé à l'ancien pavil on de chasse de la maison de Bragança, la Coutada do Arneiro, choisi pour la qualité de ses pâtures. Transformée en Haras royal, elle élèvera dorénavant les chevaux dits de Alter, destinés à la couronne, tandis que le Haras de Portel, substitué par la Coudelaria nacional de Fonte Boa en 1887, continuera d'élever des chevaux plus ordinaires.

Gentil, étalon de Alter du XVIIIe siècle, et son roi Dom José 1er, trônent sur la place du Commerce de Lisbonne. Gentil servit à Ruy d'Andrade comme modèle pour recréer le cheval de Alter.

Choisi pour initier l'élevage de Alter, le Colonel Bartolomeu se voit missionné d'une tâche délicate : il lui faut prospecter l'Andalousie pour y acheter cent cinquante juments les plus soigneusement sélectionnées **(3)**. Ramenées au Haras, elles sont saillies par des étalons portugais. Les mâles issus de cette première union couvrent à leur tour des juments portugaises, de sorte qu'en deux générations, dès 1755, il n'est plus besoin d'apport extérieur : la race de Alter se ferme à tout autre sang. Pour un temps... Déjà fortement secoué par les guerres ibériques puis napoléoniennes, le cheval de Alter manque disparaître totalement au début du XXe siècle après avoir été soumis à de multiples croisements avec des pur-sang arabe...

UNE STATUE POUR MODÈLE

Par chance, Ruy d'Andrade, ayant précieusement conservé deux étalons de Alter qu'il avait sauvés du dangereux métissage, parvient habilement à recréer la race. Se donnant pour référence morphologique la célèbre statue du roi Dom José 1er et de Gentil, son Alter, datée de 1775 **(4)**, il parcourt l'Espagne à la recherche de juments les plus ressemblantes à la fidèle représentation ; et les unit à ses deux étalons. Quand la race semble à nouveau fixée, il fait cadeau au Haras de Alter de ses deux mâles et d'une vingtaine de juments pour que l'élevage puisse repartir sur des bases saines.

(1) Le roi D. João V est né en 1689 et mort en 1750. Il est monté sur le trône en 1706.
(2) Le mot portugais « real » signifie « royal ».
(3) Ruy d'Andrade est parvenu à en reconstituer la liste, lors de son travail de recherches généalogiques.
(4) Né en 1714, le roi D. José 1er est monté sur le trône à la mort de son père en 1750. Sa statue désormais très célèbre pour les vertus morphologiques de son cheval Gentil, trône au centre de la magistrale Place du Commerce (Praça do Comércio) de Lisbonne. Il est mort en 1777.

Tous les jours, la jumenterie de Alter quitte la cour du Haras pour regagner ses pâtures, menée par ses fidèles campinos. Au passage, elle s'arrête pour se désaltérer à l'immense abreuvoir qui jouxte l'entrée des prés.

Par chance aussi, la monarchie n'a pas entraîné dans sa chute mortelle la Coudelaria de Alter Real, qui, à l'avènement de la République en 1910, a su se faire discrète en retirant son royal adjectif (5). Restée entre les mains de la famille déchue de Bragança, elle n'est récupérée par Salazar qu'en 1942, qui la réintègre alors dans le patrimoine national. C'est à cette date seulement qu'il impose la couleur baie comme unique robe acceptée à Alter do Chão, afin d'homogénéiser la race et de bien la distinguer des autres. À son départ du pouvoir en 1968, le Haras se voit confié au Ministère de l'Agriculture, giron qu'il ne quittera plus, même au plus fort de la tempête révolutionnaire de 1974, qui pourtant laissa planer la menace de le faire disparaître.

À LA POINTE DE LA RECHERCHE

Depuis 1996, le Dr vétérinaire João Costa-Ferreira, connu notamment pour avoir compilé et rédigé le stud-book du pur-sang lusitanien, a pris la tête de la Coudelaria de Alter, en tant que directeur du service national des haras. Passionné de génétique et d'histoire, il obtient la réalisation d'un projet un peu fou : la création, en plein milieu de l'Alentejo, d'un laboratoire de génétique moléculaire, essentiel tant pour revisiter l'histoire sous un angle peut-être enfin définitif, que pour approfondir la connaissance de la race actuelle, et pourquoi pas, même, anticiper l'avenir…

Quel plus beau cadeau pouvait-on souhaiter pour fêter les 250 ans de l'ancien Haras royal, qui se paie ainsi le luxe, en soufflant ses centaines de bougies, d'inaugurer le 24 avril 1998, ce laboratoire du futur ?

Et quelle surprenante image que celle qui se grave dans la mémoire, quand on visite un tel espace scientifique à la pointe de la recherche, en plein cœur d'un Alentejo déserté par l'homme, riche de ses seuls joyaux millénaires que sont le cheval, le taureau, l'olive et le liège…

(5) En 1910, le Haras perd son titre de Coudelaria de Alter Real et devient Coudelaria de Alter. La différence n'est pas toujours assimilée dans les pays étrangers, où il n'est pas rare d'entendre parler encore aujourd'hui, notamment en France, « d'Alter Real », pour désigner les chevaux de Alter.

Détail d'un carrosse de triomphe de 1716 : le carrosse de l'ambassade envoyée par le roi Dom João VI au pape Clément XI. Exemple de style baroque italien, il aborde le thème de la rencontre entre l'Océan Indien et l'Océan Pacifique.

De Manège royal en Musée des carrosses

Il peut sembler étrange et déplacé que dans un chapitre consacré à l'équitation de haute école, une partie entière soit consacrée à l'élevage et à son histoire par le biais des chevaux de Alter. Pourtant, le lien est là, infaillible, irréversible. Sans la Coudelaria de Alter, l'École portugaise d'art équestre, au même titre que l'ancien Manège royal de Belém, ne pourrait pas justifier de son existence, ni même de son activité puisque, comme lui au XVIIIe siècle, elle a pour but premier de valoriser les chevaux de Alter, les menant brillamment au sommet de l'art équestre. Prolongement logique et inéluctable du Manège royal et de ses brillants chevaux de Alter, l'E.P.A.E. puise son inspiration, son moteur, sa motivation en son cœur. Retour donc, sur une histoire, encore une fois mouvementée !

Dans un climat équestre euphorique, où chacune des Cours européennes s'enorgueillit de ses Académies menées par des mains des maîtres écuyers, il est normal que le roi du Portugal Dom João V s'enquière d'un projet remarquable, à la hauteur de son cheval ibérique, coqueluche adorée de toute l'Europe. Aussi, après avoir ouvert la Coudelaria de Alter Real en 1748, Dom João V lance la construction du somptueux Manège royal dans le parc de son palais de Belém, assis au bord du Tage, aux pieds de Lisbonne. Déjà, son rôle est clairement défini. Il accueillera les meilleurs chevaux de Alter ainsi que les plus grands écuyers du royaume, afin d'exposer au grand jour les talents des uns et des autres, dans une Académie au service du roi. Bijou du baroque tardif encore flamboyant, merveille de raffinement, de proportions et d'élégance, le Manège royal se bâtit lentement, tel un chef-d'œuvre qui sait se faire attendre. Il n'ouvre officiellement ses portes qu'en 1760, sous le règne de José 1er, fils de João V, et ne trouve sa forme définitive qu'en 1787, grâce à l'appui du futur João VI.

Ancien Manège royal du Palais de Belém, le Musée des Carrosses rassemble quantité de voitures, berlines et carrosses baroques tous exceptionnels.
Le Manège au plafond magistral, date du XVIIIe siècle.

Détail du plafond.

Vingt ans après, il se voit dénudé, dépouillé de tous ses chevaux, envolés au Brésil avec le prince-régent, ou volés par l'Armée du petit Corse...

LES CHEVAUX CÈDENT LA PLACE AUX VOITURES

En ouverture d'un XIXe siècle bancal, l'expérience du Manège royal tourne court, et meurt en pleine jeunesse, signant sans le vouloir, l'arrêt de mort lointain mais certain du cheval de Alter, que seul un Ruy d'Andrade pourra contrecarrer bien plus tard, au milieu du XXe siècle. En attendant, l'Alter s'enlise dans l'oubli, se débauchant dans des mariages indus. C'est sans doute pourquoi, en 1905, la reine Dona Amália d'Orléans et Bragança (1865-1951), passionnée de carrosses, berlines et autres voitures à cheval, et dépitée par l'inutilité d'une si belle salle, aménage le Manège en un extraordinaire Musée des Carrosses. Trois ans avant l'assassinat de son mari Dom Carlos 1er, elle laisse ainsi en royal héritage à un Portugal devenu bientôt républicain, l'un des musées les plus visités de Lisbonne et l'un des plus réputés d'Europe... Étrange destinée pour un manège, destinée tout à la fois originale, gratifiante et très lucrative dont les écuyers du Haras de Alter, puis ceux de l'École Portugaise d'art équestre, suivis de tous les passionnés d'art équestre et de haute école ne peuvent pourtant pas se satisfaire. Comment accepter en effet, que ce manège d'une exceptionnelle richesse qui fait passer celui de Saumur pour un temple de l'austérité, puisse se cristalliser en un musée statique, au sol de marbre glacial, alors que tout en lui, vibre et s'émeut, et laisse libre cours aux rêves les plus académiques des amoureux du cheval ? Comment ne pas rendre à ses plus fidèles repreneurs cette salle unique au monde, où l'histoire de l'Art équestre classique s'est tissée au quotidien ?

Filipe Figueiredo (Graciosa), directeur et Écuyer en chef de l'École portugaise d'art équestre reste le seul des quatre écuyers fondateurs encore en activité à l'École.

La passation de pouvoir

Le cheptel de Alter régénéré dès les années 40, la structure des Haras nationaux solidifié au cours des années 60 et 70 malgré les soubresauts politiques, il était dans la logique des choses qu'une poignée de cavaliers peut-être plus férus que d'autres, peut-être plus utopiques aussi, se lèvent pour reconstruire, dans une version moderne, l'ancienne Académie royale, avec pour motivation lointaine, de récupérer le Manège de Belém…

Assurés de la légitimité de leur requête, Ruy d'Andrade, Guilherme Borba et Dom José d'Ataíde, écuyer au Haras de Alter depuis 1950, donnent le ton dès 1964, et font savoir qu'il serait de bon goût de rappeler le Manège royal à sa vocation première. Le ton monte, les têtes s'échauffent, les projets se forgent… les années passent. En août 1979, le Dr João Costa-Ferreira, alors directeur de l'élevage à la Coudelaria de Alter accède à la demande de quatre cavaliers : il confie un étalon de Alter à chacun d'entre eux, ceux-ci s'engageant à se réunir le plus souvent possible pour travailler ensemble leurs chevaux. Parmi les quatre, deux sont déjà fidèles au poste depuis quinze ans : Dom José d'Ataíde, qui prend la tête de la formation et s'occupe de monter les spectacles, et le Dr Guilherme Borba **(1)**, tous deux anciens élèves de Nuno Oliveira. Deux autres, plus jeunes, viennent s'adjoindre au noyau dur : Francisco Cancella d'Abreu et Filipe Figueiredo (Graciosa). Invité à parrainer l'École, Nuno Oliveira décline la proposition… peut-être froissé de ne pas avoir intégré le projet dès ses premiers jours.

En 1981, Guilherme Borba remplace Dom José d'Ataíde au poste de directeur, fonction qu'il occupera jusqu'à sa retraite, en 2000. Brillant technicien de l'art équestre, sans doute le plus brillant, fin connaisseur des chevaux et des cavaliers, sans doute le plus fin, le meilleur élève du Maître **(2)** parvient à obtenir l'installation des chevaux de l'École portugaise d'art équestre dans les boxes de l'ultra-chic Société Hippique Portugaise de Campo Grande, en plein Lisbonne. Désormais fixée, l'Ecole peut gonfler ses effectifs. Luís Valença Rodrigues puis João Pedro Rodrigues viennent renforcer les bancs des écuyers convaincus et même mordus, nourris de leur seule détermination à faire revivre le Manège royal. Car bien qu'officiellement reconnue par le Ministère de l'Agriculture, l'École ne perçoit, jusqu'en 1996, aucun salaire pour ses cavaliers. Néanmoins les demandes affluent, et les plus motivés tels Carlos Pinto, Nuno Palma, Francisco Bessa de Carvalho… intègrent les rangs qui se remplissent jusqu'en 1988. L'École bloque alors le recrutement. Elle totalise huit écuyers.

Fort de sa renommée croissante, et des grands noms qui illustrent ses affiches, l'École enfourche son cheval de bataille qu'elle n'avait jamais abandonné depuis son ouverture en 1979 : la récupération du Manège royal, espérant qu'une oreille plus attentive leur soit prêtée, maintenant qu'elle se produit dans toute l'Europe. Les écuyers en chef montent au créneau, rencontrent les ministres, font signer des promesses… Décidés coûte que coûte à obtenir gain de cause, ils osent même une photo montage présentant toute la formation en reprise dans son manège. En fait, la photo a été réalisée dans le manège de Alter do Chão, aux dimensions identiques à celles du Manège royal de Belém. Une habile retouche rend l'illusion parfaite !

Rien n'y fait, même ce subterfuge audacieux. Protégés par la valse-hésitation de leurs ministres, les gouvernements successifs jurent puis se parjurent, décidément indécis. Et quoi qu'ils disent et certifient, face à une telle affluence devant l'entrée du musée des Carrosses, il est fort à parier qu'aucun d'entre eux n'osera se risquer à déplacer d'un mètre une seule voiture dorée…

L'École portugaise d'art équestre se prépare avant d'entrer en piste dans les jardins de Queluz.

(1) Né en 1932, le Dr vétérinaire Guilherme Borba participa à la création de l'École royale andalouse de Jerez dès 1969, avec deux des plus illustres noms de la tauromachie espagnole : Dom Alvaro Domecq et Dom Manuel Vidrié. L'école andalouse ouvrit ses portes en 1972.

(2) D'après Nuno Oliveira lui-même.

Juge de l'A.P.SL., éleveur et écuyer, Francisco Bessa de Carvalho effectue une levade dans les Jardins du Palais royal de Queluz.

Une École rodée aux spectacles

Il faut bien se rendre à l'évidence. Le Manège royal de Belém ne sera pas rendu demain matin à celle qui légitimement le réclame à corps et à cris depuis vingt-cinq ans. Délaissant sa location sur le site de Campo Grande, l'École s'est donc installée à son compte en 1996, pour une durée officiellement provisoire que tout le monde sait officieusement définitive. Elle a pris place dans des écuries modernes et très fonctionnelles, construites au fin fond des Jardins de Queluz, sans doute pour se faire les plus discrètes possibles, dans un site farouchement emprunt de l'esprit baroque de la fin du XVIIe siècle. Petite merveille du Grand Siècle construite suivant les goûts d'un Louis XIV mécène des arts dans toute l'Europe, le Palais royal de Queluz affiche une décrépitude éhontée dont on ne sait s'il la doit au temps qui passe ou aux affronts d'une histoire chamboulée. Ses Jardins, pourtant chantés de tous les touristes, laissent tristement songeur. Laissées à l'abandon, dissimulées par les mauvaises herbes et les arbustes envahissants, les allées superbement agencées et ponctuées de statues baroques et fontaines rococos sont autant d'invites à l'imagination pour s'en aller voguer sur les flots d'autres siècles au faste royal…

LES JARDINS DU PALAIS ROYAL DE QUELUZ POUR DOMICILE

Par chance, le retour à la réalité replonge aussitôt le rêveur dans cet univers en demi-teinte, à mi-chemin entre le film d'époque en costumes, et la photo vieillie aux couleurs sépia. Les allées balayées du doux pas des chevaux de Alter éparpillent les feuilles mortes au gré du souffle d'air infime que produit chaque sabot, pour laisser défiler cavaliers et chevaux tout droit sortis des pages d'histoire. Un écuyer, en grande tenue Louis XV, marche « au cul » de son cheval tenu aux longues rênes. Deux autres, à cheval, le suivent au pas, échangeant un point de vue technique sur le pas de deux qu'ils vont dérouler dans quelques minutes. Plus loin, un autre profite de la sérénité d'une allée cachée pour chauffer son cabrioleur dans le calme, afin que tout à l'heure, sur la piste, il s'envole puissamment sans chauffer. Quatre, puis huit, puis dix, puis seize. Les écuyers, leurs chevaux et quelques grooms surgissent des moindres sentes et sentiers, et fusent droit sur le paddock d'entraînement protégé des regards indiscrets par un haut mur en

Héritière des traditions, l'École portugaise d'art équestre perpétue les figures du XVIIIe siècle, que ces azuleros ont rapportées jusqu'à nous.

Lles éc.jyers et leurs chevaux de Alter entrent sur la piste, pour dérouler ensuite, chacun à leur façon, les airs relevés et les sauts d'école.

pierre. De l'autre côté, non loin du grand Palais, la carrière de spectacle et ses tribunes plus ou moins remplies attendent de recevoir les premiers numéros. Il est onze heure du matin. C'est un mercredi entre la mi-avril et la fin septembre. Vêtus de leur habit long en velours bordeaux, de leur culotte beige, de leurs gants blancs et de leur tricorne, ils rentrent sur la piste les uns après les autres, puis tous ensemble, pour donner au public charmé un festival de haute école : Travail aux longues rênes, sauts d'école à pied et à cheval, travail aux piquets, solo, pas de deux, carrousel des douze…

Pour le promeneur distrait, le rituel se reproduit inlassablement, tous les jours de la semaine. Le visiteur plus attentif note, en revanche, que le costume du mercredi est unique et spécial. C'est l'habit de gala, réservé aux représentations. Le reste de la

Le Carrousel de l'École portugaise d'art équestre, sur ses chevaux de Alter, emmené par son Écuyer en chef, Filipe Figueiredo (Graciosa).

Les écuyers et leurs chevaux de Alter entrent sur la piste, pour dérouler ensuite, chacun à leur façon, les airs relevés et les sauts d'école.

semaine, les écuyers revêtent une veste courte et sortent sans tricorne ni gants, pour emmener leurs chevaux travailler sans rubans ni fioritures. D'ailleurs, ils se dirigent vers d'autres carrières, plus excentrées, pour l'entraînement quotidien.

SOIXANTE CHEVAUX POUR QUINZE ÉCUYERS

Question de respect pour des lieux centenaires, pour les touristes nombreux qui arpentent les allées, et pour l'équitation de tradition du XVIIIe siècle, le code de l'École oblige au port de la tenue, qu'elle soit courte ou longue, de travail ou de gala, pour tous ses écuyers, dès lors qu'ils s'affairent aux chevaux. Quant à son mode de fonctionnement au quotidien, il est assez simple. Les quelque soixante chevaux pensionnaires sont sortis et travaillés tous les jours, sauf les mercredis ouvrés et les dimanches ainsi que les jours de représentation à l'extérieur. Chaque écuyer dispose d'un piquet de cinq ou six chevaux, un piquet équilibré qui lui permet un travail varié et intéressant. Ainsi, il lui faut former un ou deux jeunes chevaux, roder un autre un peu plus avancé dans le travail et l'initier à ses premiers spectacles, maintenir en forme ses deux ou trois chevaux de tête et enfin économiser son vieux « routier » proche de la retraite. La tâche est rude pour les esprits consciencieux, d'autant que tous ne disposent que d'une large matinée pour travailler leurs six chevaux. Car l'École, devenue activité professionnelle au moment où elle a pris possession des Jardins de Queluz, ne peut pourtant pas obliger au plein temps. Les écuyers qui l'intègrent arrivant déjà avec un niveau très élevé, tous ont déjà une activité qu'ils ne peuvent pas se permettre d'abandonner, bien qu'ils soient rémunérés par le Ministère de l'Agriculture pour leur place à l'E.P.A.E. Quelques-uns élèvent des chevaux et du bétail. Certains sont cavaliers pour le compte d'éleveurs. D'autres dirigent des écuries privées ou des centres équestres…

Locataires du Potril d'Azambuja, les poulains de Alter et de Fonte Boa viennent tous ensemble s'abreuver dans les eaux de Tage, avant de s'isoler en petits groupes de cinq à huit.

La sélection des étalons de Alter

Formation élitiste pour ses écuyers, l'École portugaise se montre tout aussi rigoureuse dans le recrutement de ses chevaux. Et bien qu'elle soit tenue de les sélectionner parmi le cheptel de la Coudelaria de Alter, elle peut miser sur un choix assez large, compte tenu d'une part, du nombre élevé de jeunes chevaux proposés, et d'autre part, de leur qualité en nette amélioration constante depuis la création de l'École portugaise.

Escortés des poulains de la Coudelaria nacional, les poulains de Alter, sont laissés en liberté sur l'île d'Azambuja dès leur première année. Ils réintègrent chacun leur Haras tardivement, vers 3 ans et demi, voire quatre ans, faute d'une main d'œuvre suffisante et compétente pour s'en occuper dès leurs trois bougies.

Au Haras de Alter, deux présélections sont effectuées en amont de l'E.P.A.E. La première consiste à refuser systématiquement toutes les robes non baies, ou d'un bai brun décidément trop foncé, à éliminer d'office les chevaux trop petits ou trop grands, ou présentant des morphologies médiocres, ou des tares rédhibitoires. Les chanceux qui sont retenus pour le second tour sont alors débourrés.

Le filtre s'affine pour ne garder que les mâles dotés d'une bonne fonctionnalité, montrant des aptitudes particulières pour les sauts d'école, pour les airs relevés, pour le rassembler…

L'ÉLITE DES ÉTALONS RÉSERVÉE POUR L'ÉCOLE PORTUGAISE

Aussitôt, les élus partent rejoindre l'écurie des "grands", à Queluz, pour être mis au travail et soumis aux regards scrutateurs et connaisseurs des écuyers, qui sauront vite déceler si oui ou non les nouvelles recrues sont dignes de l'École. Si oui, il s'agira alors de définir leur profil pour les diriger vers un exercice précis. Car à l'École portugaise d'art équestre, comme dans toutes les grandes formations de dressage, les chevaux sont des spécialistes rompus à une ou deux figures, un ou deux sauts d'école, une ou deux reprises. Ainsi l'un est puissant cabrioleur, l'autre brillant piaffeur, le troisième est parfait aux longues rênes, le dernier se déplace à merveille dans les pas de deux…

Quant aux chevaux recalés, ils attendent à Alter, avec les juments d'âge et pouliches de trois ans réformées, de trouver repreneur, lors de la fameuse vente aux enchères de la São Marco, qui se tient chaque année le 24 avril (1) dans la carrière de la Coudelaria de Alter.

(1) cf. encadré chapitre III, p. 83

Filipe Figueiredo (Graciosa) a succédé au Dr Guilherme Borba à la tête de l'École portugaise d'art équestre, au tournant du XXIe siècle.

La valse des écuyers

Petit dernier des quatre mousquetaires qui ont formé l'École en 1979, et seul rescapé d'entre tous, Filipe Figueiredo (Graciosa) a repris les titres d'Écuyer en chef et de Directeur de l'École à la démission du Dr Guilherme Borba en 2000. Bien avant lui, Francisco Cancella d'Abreu **(1)** avait quitté le beau navire juste après l'avoir construit, en 1980, et Dom José d'Ataíde, tiré sa révérence en 1986, choisissant tous les deux de s'orienter davantage vers le coaching et l'entraînement.

Le travail aux longues rênes, l'un des héritages essentiels de l'équitation de manège.

DES ÉCUYERS DE RENOM

Même s'il ne compte pas au nombre des fondateurs de l'École, Luís Valença Rodrigues peut prétendre sans rougir, avoir contribué grandement à sa formation et à la construction de sa notoriété internationale. Première recrue de l'École, il intègre l'équipe officiellement en 1981, déjà orpheline de Francisco Cancella d'Abreu, et officie pour elle jusqu'en 1999. Cinq ans plus tard, il reste son cavalier de cœur, et continue, à l'occasion, à l'intégrer le temps d'une présentation de prestige, ou à lui prêter un cheval quand les meilleurs de l'École fatigués par des saisons longues et lourdes attendent la relève.

(1) Francisco Cancella d'Abreu est aujourd'hui entraîneur et sélectionneur national de l'Équipe portugaise en dressage. Dom José D'Ataìde est toujours entraîneur privé. Il contribue notamment à la formation à pied des meneurs d'attelage de José Manuel de Mello.

João Pedro Rodrigues, écuyer de longue date à l'École portugaise, est aussi, un éleveur réputé, consacré Meilleur Éleveur pour l'année 2004.

Connu pour son génie à cheval et pour ses mots forts, Carlos Pinto, élève assidu de Luís Valença pendant de longues années, intègre l'École en 1982, un an après son maître. Il y reste cinq ans, puis s'exile définitivement en France, afin de mener à bien une carrière de dressage de compétition, qu'il concilie habilement aujourd'hui à ses premières amours : la haute école, le spectacle et le cheval lusitanien… Son frère, Daniel, fera un passage éclair à l'École, qu'il intègre en 1987 pour la quitter au bout d'un an, inquiet de retrouver Carlos en France.

Pour conclure la liste des cavaliers promus à des carrières de dressage, citons encore Nuno Palma, aujourd'hui installé en Allemagne, resté treize ans à l'École, de 1984 à 1997.

Quelques autres anciens peuvent se targuer d'appartenir à la Maison depuis de nombreuses années. Ainsi en est-il de João Pedro Rodrigues, bizut en 1982 et de Francisco Bessa de Carvalho, intégré en 1984, deux figures de proue de l'École, cavaliers d'exception et éleveurs de renom tous les deux. Le premier peut se targuer d'avoir remporté le Trophée convoité du Meilleur Éleveur 2004, tandis que le second affiche ses compétences objectives de juge de l'A.P.S.L., alors que son superbe Oeste, déjà entre les mains de nouveaux propriétaires, séduit les juges des terrains de dressage.

S'il a choisi de se retirer, le magistral Guilherme Borba se voit représenté par son neveu Antonio Borba Monteiro et son petit-neveu, Julio da Câmara Borba. D'autres noms se tissent aux armoiries de l'École au fil des ans, tandis que d'autres s'en dénouent, appelés vers de nouveaux horizons. Il serait peu à propos de citer tous ces mouvements internes à l'École, d'autant que lorsqu'elle s'ouvre aux publics du monde, c'est dans son entité, dans son unité. Donnons, au moins, en plus de l'incontournable trio de l'ancien temps, à savoir Filipe Figueiredo (Graciosa), João Pedro Rodrigues et Franciso Bessa de Carvalho, quelques noms parmi les cavaliers qui officient aujourd'hui : Nuno Duarte Cavaco, Joaquim José Salvador, Rodrigo da Costa Matos, Pedro Miguel Torres, José de Almeida Carneiro…

LES 25 ANS DE **L'ECOLE PORTUGAISE**

Auréolée d'un prestige que peu d'Académies équestres peuvent lui envier, l'École portugaise d'art équestre a décidé de fêter en grande pompe sa majorité absolue, soit vingt-cinq ans d'une renaissance exemplaire. Un gala donné le 19 juin 2004 dans les Jardins de Queluz, puis dans les salles de réception du somptueux Palais royal, en présence du Duc et de la Duchesse de Bragança, héritiers de la couronne et cavaliers aguerris, a ouvert les festivités par le lancement d'un superbe Carré Hermès à l'effigie de l'École portugaise. Le défi est alors officiellement lancé. Les quatre formations européennes, représentées lors du Gala par leurs Écuyers en chef, sont cordialement invitées pour un spectacle inédit, joué à Lisbonne le 17 et 18 septembre 2004.
Par quatre formations entend-on l'École espagnole de Vienne, la première du genre, toujours investie de son style baroque inimitable et montée sur ses fiers Lippizan ; le Cadre Noir de Saumur et ses chevaux de selle français, tous embrigadés dans leurs techniques et costumes emprunts d'un passé militaire très fin XIXe ; l'Ecole royale andalouse d'art équestre de Jerez fondée en 1972, entre autres, par deux toreros inimitables, Dom Alvaro Domecq et Dom Manuel Vidrié ; et enfin, la dernière-née, l'École portugaise d'art équestre.
Toutes ont répondu à l'appel, comprenant, à travers ce geste amical, combien symbolique, la portée historique d'une telle réunion, à l'exception de l'École espagnole de Vienne, trop prétentieuse ou trop timide, qui sait…

À l'occasion des 25 ans de l'École portugaise, le Gala donné dans les jardins de Queluz le 19 juin 2004 a permis d'annoncer la réunion extraordinaire des Écoles de Jerez, Saumur et Lisbonne, pour un spectacle inédit en septembre 2004.

Luís Valença Rodrigues et son fidèle Nepal.

Luís Valença Rodrigues

Passionné de la vie et du cheval, comme il se définit lui-même, Luís Valença Rodrigues est sans doute l'une des figures les plus emblématiques de l'art équestre portugais. Connu et reconnu partout dans le monde, il a su divulguer, depuis les années 70, au gré de ses déplacements, tant en Europe qu'en Amérique et même en Asie, une image enchanteresse de la haute école et de l'équitation de tradition portugaise.

UN PARCOURS HORS DU COMMUN

Élève du Maître pendant des années, se décrivant aujourd'hui comme assurément oliveriste, Luís Valença a pourtant fait ses premières armes avec deux écuyers fervents bauchéristes (1) ! Formé dans ses jeunes années par son parrain, M. Ralão, puis, de 1966 à 1969, par le dernier écuyer de la maison royale, Dom José

(1) François Baucher (1796-1873) explique les principes de son équitation dans deux ouvrages de référence, le Dictionnaire d'Équitation, 1843, et sa Méthode d'équitation basée sur de nouveaux principes, 1842. Victime d'un accident qui le handicapera pour la fin de ses jours, en 1855, il sera obligé de réviser ses théories, exposées à partir de la 12e édition de sa Méthode en 1864 : c'est la fameuse "deuxième manière".

(2) Écuyer de talent au Cadre Noir et grand instructeur, Albert-Eugène Édouard Decarpentry (1878-1956) est considéré comme un remarquable théoricien. Son équitation fondée sur l'impulsion et l'abaissement des hanches fait encore référence. Son ouvrage le plus célèbre est Équitation académique, publié en 1949.

(3) François Robichon de la Guérinière, cf. chp I, p. 20

Rivoli plonge dans un campo plus que parfait, guidé de mains du maître.

OK, le chaud cabrioleur, monte en pression avant d'exécuter son saut d'école ultra-puissant.

da Cunha Menezes, contemporain du général Decarpentry **(2)**, le jeune Luís soulève l'intérêt du maître Oliveira dès 1968. Travaillant avec lui, il réalise vite que l'équitation peut se pratiquer avec plus de subtilités. « Alors que Dom José da Cunha Menezes appliquait systématiquement la même technique bauchériste à tous les chevaux qu'il dressait, le Maître Oliveira savait s'adapter aux chevaux qu'il montait. Appliquant le plus souvent les préceptes de la Guérinière **(3)**, il savait se servir des enseignements de Baucher quand certains chevaux l'exigeaient. C'est en cela que l'équitation oliveriste peut se définir comme la synthèse réussie des deux grandes écoles françaises, jetant les bases modernes de l'équitation de tradition portugaise » explique Luís Valença Rodrigues.

Les exactions de la Révolution des Œillets le laissant à pied, il part avec sa famille en 1975, s'installant pour neuf mois dans une aile de la toute récente École royale andalouse à Jerez de la Frontera, puis s'envole, toujours en famille, pour les Canaries, où il est chargé de monter un spectacle équestre dont

Ibis aux longues rênes dans les allées de Lezíria Grande.

la première se jouera dès le mois d'octobre 1975. Malgré des conditions de travail assez précaires, le succès dépasse largement les petites frontières de l'île, tant le concept inédit attire les nombreux touristes espagnols et allemands.

Rentrés au Portugal en 1977, les Valença s'installent à partir de 1981 dans l'ancienne ferme de la famille Palha, à Vila Franca de Xira, grâce à l'appui financier de leur grand ami espagnol Geronimo Fenellos, propriétaire d'un certain palomino, Sultão ! Réalisation ambitieuse et élégante, le Centre équestre de Lezíria Grande, doté de soixante box, est conçu tant pour pouvoir organiser régulièrement des spectacles que pour proposer des stages et des formations d'équitation classique, en basse et haute école.

Un peu plus tôt, Luís Valença avait rejoint les écuyers de l'Ecole portugaise d'art équestre encore à ses balbutiements, pour y être intégré officiellement en 1981. Après plus de dix-sept ans de maison, il décide de se retirer de l'Ecole à la fin des années 90. Depuis, il s'est investi dans deux grands projets européens, le Royal Horse Gala et plus récemment, Passionnata, qui réunissent les meilleures troupes et Académies équestres d'Europe dans des spectacles à très gros budget, vendus essentiellement en Allemagne, dans les pays du Nord et en Italie.

LA LÉGÈRETÉ ET LE PLAISIR POUR L'ART ÉQUESTRE, LA TECHNIQUE POUR LA COMPÉTITION

Fort d'une vie riche et variée et d'un parcours exemplaire mené à un rythme trépidant, Luís Valença Rodrigues définit l'équitation « comme le cumul des expériences de vie ». Esthète avant tout, il voue une passion à l'équitation baroque, qu'il considère comme un art tant elle se veut le reflet du plaisir, de la légèreté, de la beauté, à l'inverse de l'équitation de compétition qui se satisfait de la technique pure et froide. Aussi n'hésite-t-il pas à dire : « Entre un beau cheval qui se déplace moyennement, et un cheval moche qui fonctionne bien, je

choisis le premier. » Une telle réflexion choquera assurément les âmes les plus sportives, qui toutes jureraient le contraire, la tête sur le billot, obnubilées par la recherche du mouvement parfait. Mais pour Luís Valença, la perfection ne peut se trouver que dans l'art équestre, dans cette quête de la grâce et de l'élégance du mouvement, bien plus que dans une technicité dénuée d'esthétique. Et d'ajouter : « Un mauvais cheval peut toujours s'améliorer à force de travail et de technique. Alors qu'un cheval moche restera moche toute sa vie, même monté par le plus doué des cavaliers ! »

Il ne faut pas se méprendre, ni se laisser abuser par les propos à l'apologie de la beauté de ce remarquable écuyer, qui, rappelons-le, maîtrise sur le bout des doigts les méthodes de dressage aussi techniques que rigoureuses et complexes que sont les méthodes bauchérisantes. Car même dans l'équitation baroque, de tradition française ou portugaise, la technique est bien là, obligatoire, à la base de toute réussite. Mais, à la manière d'un grand peintre, le véritable écuyer doit pouvoir la transcender, l'oublier même, tant il la domine, se concentrant tout entier à l'art équestre, pour que ne se dégagent de son travail que cette sensation de grâce, de plaisir et de légèreté.

SULTÃO, LE CHEVAL SANS PRIX

Parmi l'immense quantité de chevaux que Luís Valença Rodrigues a travaillés, quatre trouvent une place privilégiée dans le cœur de l'artiste. D'abord Bambou, hispano-arabe, le premier cheval dressé par le maître. Puis, Machaquito, excellent élève, acheté pour le spectacle des Canaries. Ensuite Ramal, cheval de Alter, qui s'installe pour douze à l'École portugaise d'art équestre, accompagnant son écuyer qui rejoint l'effectif de l'École. Enfin, Zagalo, l'étalon gris, à l'énergie débordante, sans doute le cheval plus complet de tous.

Mais s'il est un seul nom à associer à Luís Valença, c'est incontestablement celui de Sultão, ce cheval palomino d'origine lusitanienne, compagnon de route du maître depuis presque vingt-cinq ans. Quand il accueille Sultão dans ses écuries de Lisbonne en 1980, l'écuyer décide de le former aux trente-sept exercices de haute école de la méthode Baucher, ainsi que l'avait fait son ancien maître, Dom José da Cunha Menezes, bien des années auparavant, avec son dernier cheval, Arrogant. Ainsi dressé, Sultão se présente au Salon du Cheval de Paris en 1984, monté à cru par Luisa, la deuxième fille du maître, dans un numéro novateur. Le couple fait sensation, et rafle même la vedette aux plus grands cavaliers internationaux, réunis pour l'occasion, au grand Jumping de Paris, en sortant de piste, après avoir ravi le public, au galop en arrière ! En 1987, c'est le salon européen d'Equitana (Essen, Allemagne), qui tombe sous leur charme, au point qu'un acheteur propose une somme astronomique pour le cheval. Luís Valença refuse toute négociation, déterminé coûte que coûte à garder son fidèle Sultão auprès de lui. L'affaire, peu banale, soulève même l'intérêt des médias, et fait couler beaucoup d'encre. Ainsi, tout compte fait, elle rapportera autant en notoriété à l'écuyer portugais et à son jeune Centre équestre de Lezíria Grande.

Aujourd'hui, du haut de ses trente et un ans, Sultão, tel le maître des lieux, continue à mener son monde aux écuries de Lezíria Grande, en toute complicité avec son maître de toujours, qui, pour sa retraite, le laisse libre de vadrouiller où bon lui semble dans toute la propriété.

UN HOMMAGE UNANIME

Reconnaissant à l'unanimité ses grandes qualités humaines et son immense talent de cavalier, le Portugal équestre s'est levé pour rendre un vibrant hommage à Luís Valença Rodrigues sur la pelouse de la Société Hippique Portugaise de Campo Grande, en clôture de l'édition 2003 du Festival international du pur-sang lusitanien. Hommage insolite tant il était émouvant, il a réuni en arc de cercle, autour des membres de sa famille, tous à cheval bien entendu, plus de soixante cavaliers représentant les multiples horizons du monde du cheval. L'École portugaise

Filipe Figueiredo (Graciosa) récompense, au nom de l'École portugaise d'art équestre, Luís Valença pour sa contribution incomparable à la haute école et l'équitation de tradition.

d'art équestre au grand complet menée par Filipe Figueiredo (Graciosa), donnait la réplique à l'Équipe portugaise d'équitation de travail dans son ensemble. Des cavaliers de tauromachie dans leurs habits de lumière côtoyaient des cavaliers de dressage en frac de compétition, parmi lesquels Daniel Pinto et son frère Carlos revenu au pays pour l'occasion. Plus surprenant encore, quelques cavaliers d'obstacle, de concours complet, et même de randonnée, sont venus se mêler aux formations plus traditionnelles, chacun vêtu de son costume officiel attitré. Élèves d'un jour, d'un mois ou de plusieurs années, admirateurs sincères, amis fidèles ou simples connaissances, tous étaient là pour témoigner du rôle essentiel que Luís Valença Rodrigues a joué et joue à travers le Portugal, l'Europe et le monde, pour faire aimer le lusitanien et son équitation de haute école, de tradition franco-portugaise.

Autour du maître, les soixante chevaux, après deux ou trois allocutions de rigueur, entament un long piaffer… Soixante chevaux au piaffer ! Rien de moins. Soixante chevaux, étalons pour la plupart, au botte à botte, piaffant dans le calme et le respect, en guise de salut honorifique.

Le spectateur étranger ne peut que s'émouvoir de l'intensité d'un tel spectacle. Car quel autre pays que le Portugal, à part peut-être l'Espagne, pourrait s'enorgueillir d'une telle manifestation quasi spontanée ? Une cérémonie qui, profitant de rendre hommage à l'un des plus grands écuyers de notre temps, chante haut et fort un hymne à la gloire de son cheval, ce cheval qui lui a permis de vivre et d'écrire les plus belles pages de son histoire ? Symbole parmi les symboles, ce témoignage dévoile au grand jour, en un instant unique et magique, telle une profession de foi, la sincérité d'un peuple véritablement équitant, voué à son cheval, le cheval lusitanien.

King, fils cruzado de Sultão, dans les arènes d'Antonio Palminha, ancien élève du maître Valença.

Sultão et Luís Valença, une amitié vieille de 25 ans.

Nepal et Sultão rendent hommage à leur maître sur la pelouse du Festival international du pur-sang lusitanien 2003.

Cartes du Portugal

LES HAUTS LIEUX DE L'ÉLEVAGE LUSITANIEN

‹ **RIBATEJO**

- 1 Golegã : Manuel Tavares Veiga/José et João Veiga Maltez/ Manuel Assunção Coimbra
- 2 Santarém : Herdade de José Infante de Câmara/ Coudelaria Madalena Abecassis/Coudelaria Nacional
- 3 Coruche : David Ribeiro Telles/Antonio José da Veiga Texeira
- 4 Cartaxo : Sociedade Agricola Oliveira Martins
- 5 Salvaterra de Magos : Herdeiros de Dr. José de Menezes
- 6 Azambuja : Coudelaria Ortigão Costa /Coudelaria de Monte Velho
- 7 Porto Alto : Companhia das Lezírias/Quinta da Lagoa
- 8 Samora Corraia : Sociedade das Silveiras
- 9 Santo Estêvão : Dr Carlos Ferreira
- 10 Benavente : Coudelaria Raposo Cordeiro
- 11 Torres Vedras : Maria Adelaïde Sousa Vilhena d'Andrade
- 12 Alenquer : Dr Antonio Brito Paes/Coudelaria Freire
- 13 Marinhais (Muge) : Casa Cadaval

‹ **ESTREMADURA**

- 14 Odivelas : Guilherme Borba
- 15 Vila França de Xira : José Henriques Casquinha
- 16 Cascais : João Pedro Dias Graça Rodrigues
- 17 Lisbonne (Caneças) : Coudelaria Bessa de Carvalho

‹ **ALTO ALENTEJO**

- 18 Montemor-o-Novo : Coudelaria Felix da Costa/Dr João Inacio Barata Freixo
- 19 Arraiolos : Monte de Ravasqueira/Coudelaria Raposo Cordeiro
- 20 Evora : Coudelaria Ervideira/Coudelaria Eng° Francisco Lobo de Vasconcellos/Eng° José de Barahona Nuncio/D. Estevam de Lancastre
- 21 Alter do Chão : Coudelaria de Alter/Coudelaria de Torres Vaz Freire
- 22 Monforte : Paulo Caetano/Coudelaria Romão Tavares
- 23 Barbacena : Eng° José Luís Sommer d'Andrade

‹ **BAIXO ALENTEJO**

- 24 Monte de Caparica : Ernesto Tiago Tomé
- 25 Aguas de Moura : Coudelaria Manoel Vinhas/Coudelaria Mario Vinhas
- 26 Figueira dos Cavaleiros (Santa Margarida do Sado) : Coudelaria Santa Margarida
- 27 Ferreira do Alentejo : Pedro Melo e Faro Maldonado Passanha
- 28 Vila Nova de São Bento : Dr Pedro Ferraz da Costa

LES HAUTS LIEUX DE L'ÉLEVAGE TAURIN

‹ **RIBATEJO**

- 3 Coruche : Antonio José da Veiga Texeira
- 8 Samora Corraia : Conde de Cabral
- 12 Alenquer (Labrujeira) : Dr Antonio Brito Paes
- 15 Vila França de Xira : Coudelaria Palha Blanco
- 29 Alcochete (Barroca d'Alva) : Eng° José Samuel Pereira Lupi
- 30 Atalaia : Rio Frio

‹ **ALENTEJO**

- 20 Evora : Eng° Joaquim Murteira Grave/Luís Passanha
- 22 Monforte : Paulo Caetano/João Moura
- 23 Barbacena : Eng° José Luís Sommer d'Andrade/ Coudelaria Ortigão Costa
- 31 Alcácer do Sal : Branco Núncio

LES HAUTS LIEUX DU SPECTACLE PORTUGAIS

‹ 15 Vila França de Xira : Centro equestre de Lezíria Grande (Luís Valença Rodrigues)
‹ 17 Lisbonne (Belém) : Musée des Carrosses
‹ 32 Queluz : École portugaise d'art équestre

Océan Atlantique
Braga
Braganca
Vila Real
Porto
Douero
Aveiro
Viseu
Guarda
Coimbra
Leiria
Castelo Branco
ESPAGNE
Tage
Santarém
Portalegre
Lisbonne
Évora
Setubal
Beja
Faro
1
2
3
4
5
6
7
8
9
10
11
12
13
14
15
16
17
18
19
20
21
22
23
24
25
26
27
28
29
30
31
32

Liste des abréviations des fers

Abréviations officielles répertoriées par le stud-book de l'A.P.S.L., ces lettres sont utilisées dans le texte, entre parenthèses, pour donner les origines des chevaux. Elles sont classées par ordre alphabétique, d'après le premier mot (excepté le titre de Dr).

Antonio Toledo Mendes Pereira = AMP
Dr Antonio Vilhena Brito Paes = BP
Antonio Xavier de Lima = XL
Arsénio Raposo Cordeiro = RC
Casa Cadaval = OGC
Coudelaria de Alter = AR
Coudelaria Felix da Costa (Miguel Felix da Costa) = MXC
Coudelaria Freire = CFR
Coudelaria Lobo de Vasconcellos = LV
Coudelaria nacional = CN
Coudelaria Ortigão Costa = OC
Coudelaria da Quinta de Flandes = CQF
Coudelaria Romão Tavares (Manuel Francisco Moura Tavares) = MMT
Coudelaria de Santa Margarida (Luís et Piedade Pidwell) = CSM
Companhia das Lezírias = CL
Dany Lahaye = DL
Fernando Sommer d'Andrade = SA
Franciso Cunha Bessa de Carvalho = FBC
Francisco Sousa Cardoso = SSC
Fundação Eugenio de Almeida = FEA
Dr Guilherme Borba = GUB
Dr Henrique Abecassis = HAB
Herdade Jose Henriques Casquinha = JHC
Herdeiros de Dr. Artur Ervideira = HAE
Herdeiros de Dr José de Menezes = JME
João Branco Núncio = JBN
Dr João Inacio Barata Freixo = BF
João Pedro Dias Graça Rodrigues = JGR
Dr José Barra da Silva Maltez = JM
José Luís Sommer d'Andrade = LAN
Manuel Mendes da Assunção Coimbra = MAC
Manuel Tavares Veiga = MV
Mario Vinhas e Herdeiros de Manuel Vinhas = MMV
Monte de Ravasqueira (José Manuel de Mello) = JMM
Paulo Caetano = PC
Dr Pedro Ferraz da Costa = PFC
Pedro José da Cunha Sousa Viera = PSV
Pedro Melo e Faro Maldonado Passanha = SPP
Pierre et Joëlle Delgado = PD
Dr Raul Telles de Carvalho = TC
Sociedade Immobiliaria do Parque - Ciparque (Quina) = CI
Sociedade das Silveiras (Manuel Braga) = SS
Sylvain Masse = SM

Petit lexique tauromachique

Le vocabulaire tauromachique français est directement hérité des corridas espagnoles. Aussi, pour une meilleure compréhension, avons-nous tenu à garder une orthographe déjà assimilée quand elle se légitime. Mais une approche lusitanienne justifie de donner quelques équivalences en portugais, ainsi que quelques explications de termes assez techniques.

VOCABULAIRE SPÉCIFIQUE À LA CORRIDA PORTUGAISE

- **Forcado** = littéralement fourche. L'origine des forcados est assez difficile à retracer succinctement, diverses versions plausibles se faisant concurrence. Néanmoins, il semblerait que les forcados doivent leur nom à la fourche à deux petites dents dont ils se servaient pour protéger la tribune royale des éventuels assauts du taureau. Quand la mise à mort du taureau fut interdite au Portugal, ils descendirent dans l'arène pour aider les toreros et banderilleros, à la fin de la corrida, à faire rentrer le taureau dans son toril.

- **Pega** = littéralement, prise. La pega est l'action des forcados pour arrêter le taureau dans sa charge. D'ordinaire, elle est dite pega de caras, (prise de face) parce que les forcados affrontent le taureau de face dans sa charge. Il se peut, très rarement, qu'après une succession d'échecs (quatre ou cinq), les forcados décident de changer de tactique. Deux forcados seulement, essaient de bloquer le taureau, l'un en le saisissant au garrot, l'autre, en l'attrapant par la queue. C'est la pega de cernelhas (prise de garrot).

- **Campino** = Berger qui travaille aux champs pour garder les taureaux, les chevaux et les bœufs, le campino est souvent un cavalier d'expérience, puisqu'il doit être capable d'encadrer les troupeaux pour les changer de pâtures. Le fameux costume traditionnel du Ribatejo, qui veut que le campino revête un gilet rouge et un bonnet vert, se porte encore très souvent, tant dans les arènes, que lors des manifestations, concours et événements.

ESPAGNOL	PORTUGAIS	EXPLICATIONS
Plaza de toros	Praça de toiros	Arènes, littéralement place de taureaux. Tant au Portugal qu'en Espagne appelle-t-on les arènes, places de taureaux, en regard d'un passé explicite. Quant au mot usité en France, il fait référence aux arènes romaines qui accueillaient les fameux combats de lions et de gladiateurs…
Corrida	Tourada ou toirada	Course de taureaux. Le terme corrida signifiant littéralement course, les Portugais utilisent aussi fréquemment l'expression corrida de toiros, pour évoquer leur tourada, réservant l'emploi du seul mot corrida, ou de l'expression corrida de cavalos, pour les courses de chevaux.
Lidia	Lide/Actuação	Le terme Lide signifiant combat, et le terme Actuação, agissement. Dans le vocabulaire tauromachique portugais, l'actuação correspond à l'ensemble des actions du torero, réalisées dans l'arène pendant le combat. Ainsi, s'il a très bien toréé ses deux taureaux, pourra-t-on dire qu'il a réussi ses deux actuações.
Suerte	Sorte	Chacune des actions du torero face au taureau, qui, toutes forment l'actuação. Le mot suerte ou sorte signifie aussi la chance, la veine…
Toreo	Toureio	Art de combattre les taureaux. Au Portugal, le toureio concerne tant la tauromachie à cheval qu'à pied. En Espagne, pour la tauromachie à cheval, on emploie le terme rejoneo, le cavalier piquant les taureaux de rejones (rejon au singulier).
Toro bravo	Toiro bravo	Taureau de combat. Bravo, pour brave, la qualité fondamentale du taureau de combat étant sa bravoure. L'empressement du taureau à charger, la répétition inlassable de ses charges, toujours droites, et le courage dont il fait preuve face à ses adversaires sont autant de points qui définissent sa bravoure. La noblesse, quant à elle, est une qualité essentielle, également, dont le concept est apparu plus tard, dans la première moitié du XXe siècle, quand le célèbre matador Juan Belmonte parvint à influer sur la charge du taureau, violente et rectiligne, en une charge plus harmonieuse au tracé courbe. C'est cette faculté franche du taureau de répondre en permanence et de manière immédiate aux sollicitations du torero qui définit la noblesse.
Torero	Toureiro	Toréador. Mot générique qui englobe tant la tauromachie à pied qu'à cheval. En Espagne, la distinction s'opère entre le rejoneador, qui torée à cheval, et le matador qui torée à pied. Au Portugal, le toureiro désigne avant tout le cavalier tauromachique, la corrida à pied ayant une importance secondaire.
Banderillero	Bandarilheiro	Littéralement, poseur de banderilles. Terme hérité de la corrida à pied, puisque dans les corridas à cheval, les banderilleros ne posent pas de banderilles. En revanche, ils sont chargés d'aider le torero dans sa tâche. Équipés d'une lourde cape jaune et rose, ils interviennent à la demande du torero, pour occuper le taureau pendant qu'il change de cheval, ou pour l'aider à placer le taureau dans l'axe de la charge. Enfin, dans l'urgence, ils s'interposent entre le taureau et le cavalier et/ou son cheval, en cas d'incidents ou d'accidents, qui, s'ils sont rares, arrivent malheureusement.
Cuadrilla	Quadrilha	Équipe qui accompagne le torero. En général, elle se compose de trois banderilleros et d'un assistant, appelé, en Espagne, valet d'épée, chargé d'entretenir la garde-robe du torero, de préparer ses fers et banderilles, et, une fois dans l'arène, de les lui passer. Il gère aussi tous les problèmes d'intendance.
Cuadra	Quadra	Piquet de chevaux du torero, qui se compose, au minimum de trois chevaux, la règle de bienséance étant un cheval de plus que le nombre de taureaux torées. Certains toreros peuvent montrer jusqu'à sept chevaux lors d'une corrida.
Paseo	Passeio	Défilé fastueux qui ouvre la corrida, pendant laquelle tous ses acteurs viennent se présenter au public.
Ganaderia	Ganadaria	Haras qui élève des taureaux.
Ganadero	Ganadeiro	Éleveur de taureaux.
Carreton	Tourinha	Le terme espagnol désigne une charrette, le terme portugais, désignant, lui, un petit taureau. Il s'agit en fait d'une tête de taureau factice montée sur une roue de vélo, que dirige un banderillero pendant l'entraînement. Simulant à s'y tromper l'action et le geste du taureau, la tourinha est essentielle à l'entraînement.
Temporada	Temporada	Littéralement, laps de temps. La temporada définit la saison des corridas, qui débute avec le printemps, en mars et s'achève avec l'automne, fin septembre.

Index des origines des chevaux cités

- Tous les chevaux cités dans le texte ou photographiés et légendés sont classés ici, par année de naissance et par ordre alphabétique, avec, quand cela est possible, le maximum d'informations comme suit :

• Nom du cheval, Nom de son naisseur (abréviation du fer), sexe, par Père (fer) par Père du père (fer) et Mère (fer) par Père de la mère (fer)

Par exemple :

• Vistosa, Sociedade das Silveiras, (SS), femelle, par Ofensor (MV) par Danubio (MV) et Lai-Lai (SSC) par Novilheiro (MV)

‹ CHEVAUX NÉS EN 1971

- Neptuno, Manuel Tavares Veiga (MV), mâle, par Firme (SA)
- Nilo, Manuel Tavares Veiga (MV), mâle, par Firme (SA) et Abadia (MV) par Zamorim (SA)
- Novilheiro, Manuel Tavares Veiga (MV), mâle, par Firme (SA) et Guerrita (MV) par Bailador (MV)

‹ CHEVAUX NÉS EN 1972

- Opus-72, Manuel Tavares Veiga (MV), mâle, par Firme (SA) et Guerrita (MV) par Bailador (MV)

‹ CHEVAUX NÉS EN 1978

- Universo, Manuel Tavares Veiga (MV), mâle, par Lidador II (MV) et Medronha III (MV) par Boca-Negra

‹ CHEVAUX NÉS EN 1980

- Orphée, Roger Bouzin (RB), mâle, par Émir (MV) et Isis (Romero Benitez)
- Xaquiro, Ciparque-Quina (CI), mâle, par Quieto (CI) et Quieta (CI) par Estribilho

‹ CHEVAUX NÉS EN 1985

- Damasco II, Manuel Tavares Veiga (MV), mâle, par Zimbro II (MV) et Janela (MV) par Bailador (MV)

‹ CHEVAUX NÉS EN 1986

- Espectaculo, Arsénio Raposo Cordeiro (RC), mâle, par Novilheiro (MV)
- Esquivo, Arsénio Raposo Cordeiro (RC), mâle, par Minuto (MV) et Ulisseia (RC)
- Estoiro, Dr. João Inacio Barata Freixo (BF), mâle, par Zico (MMV) et Tola (BF) par Zamorim

‹ CHEVAUX NÉS EN 1987

- Favorito, Monte de Ravasqueira (JMM), hongre
- Fraque, Casa Cadaval (OGC), hongre

‹ CHEVAUX NÉS EN 1988

- Guizo, Fundação Eugénio de Almeida (FEA), mâle, par Zasebande (AR) et Catraia
- G-Lugre, Engº Fernando Sommer d'Andrade (SA), mâle, par Padre (SA) et Jamurim (SA)

‹ CHEVAUX NÉS EN 1989

- Bandoleiro, Pierre et Joëlle Delgado (PD), mâle, par Zagalote (MAC)

‹ CHEVAUX NÉS EN 1990

- Iberico, Casal Pinhal, mâle, par Almonda (MV)
- Ibis, Xavier de Lima (XL), mâle
- Invulgar, Dr Carlos Ferreira, femelle, par Nilo (MV) et Evora

‹ CHEVAUX NÉS EN 1991

- Jaguar, mâle, par Vaidoso
- Dao de Courenne, Pierre et Joëlle Delgado (PD), mâle, par Zagalote (MAC)
- Duche, Dany Lahaye (DL), par Imperio M. et Luzia RB

‹ CHEVAUX NÉS EN 1992

- Labrego, Manuel Castro, mâle, par Fidalgo
- Latino, Coudelaria Freire (CFR), mâle, par Maravilha (MV) et Vaquaija (Quina)
- Landim, Francisco Sousa Cardoso (SSC), hongre, par Novilheiro (MV) par Firme (SA) et Xistosa par Wembley (SA)
- Lince, Alvaro Sylva, mâle

‹ CHEVAUX NÉS EN 1993

- Maestro, Guilherme Borba (GUB), mâle, par Xaquiro (CI) par Quieto (CI) et Batuda (FEA) par Trovão (AR)

‹ CHEVAUX NÉS EN 1994

- Napoleon, Herdeiros de Dr José de Menezes (JME), par Rabi (JM) et Harpa
- Navalha, Coudelaria Romão Tavares (MMT), femelle, par Embaixador (MMT) et Zarzuela (MMT)
- Népal, José Carrilho, mâle, origines AR, MAC et MV
- Nostradamus Top, Antonio Toledo Mendes Pereira (AMP) mâle, par Afiançado Flandes (CQF) par Ufano II (MV) et Lanai Top par Mercurio (MV)
- N-Galopin de Lafont, Sylvain Massa (SM), par Espanto (MV) et Pezuda (OC)

‹ CHEVAUX NÉS EN 1995

- Odalisca, Paulo Caetano (PC), femelle, par Neptuno (MV) par Firme (SA) et Bailarina (PC) par Ufano II (MV)

- Oeste, fer Francisco Bessa de Carvalho (FBC), mâle, par Eleito (MAC) par Zelador (MAC) et Garça par Cryptogamico (SA)
- Ofensor, Manuel Tavares Veiga (MV), mâle, par Danubio (MV) et Tricana II (MV) par Lidador II (MV)
- OK, Alvaro Sylva, mâle
- Opala, Dr Pedro Ferraz da Costa (PFC), femelle, par Opus 72 (MV) par Firme (SA) et Inia (CN) par Nilo (MV) par Firme (SA)
- Orquidea (Quinta da Lagoa), femelle ; par Trinco (MV) et Bolota par Maravilha (MV)
- O-Solo, José Luís Sommer d'Andrade (LAN), mâle, par Urco (SA) et Corveta (SA)
- Oxidado, João Pedro Rodrigues (JGR), mâle, par Xaquiro (CI) par Quieto (CI), et Coca (OGC) par Maravilha (MV)
- Owni, Monte de Ravasqueira (JMM), mâle, par Wembley (SA)

‹ CHEVAUX NÉS EN 1996

- Passape, Paulo Caetano (PC), mâle, par Infante (MV) par Dragão (SA) et Lua
- Picanço, Francisco Sousa Cardoso (SSC), mâle, par Danubio (MV) et Tina par Golpe.
- Plutão, Paulo Caetano (PC), mâle, par Neptuno (MV) par Firme (SA) et Zaquera
- Polka, Dr Pedro Ferraz da Costa (PFC), femelle, par Opus 72 (MV) par Firme (SA) et Jica (PFC) par Coral (JBN)
- Primera, Dr Carlos Ferreira, femelle, par Novilheiro (MV) par Firme (SA) et Duquesa

‹ CHEVAUX NÉS EN 1997

- Qonwento, Monte de Ravasqueira (JMM), hongre, par Wembley (SA)
- Quazar, Coudelaria Santa Margarida (CSM), mâle, par Opus 72 (MV) par Firme (SA) et Galderia (HAB) par Dardo

‹ CHEVAUX NÉS EN 1998

- Raja, Monte de Ravasqueira (JMM), hongre, par Jardim (MAC)
- Rawasco, Monte de Ravasqueira (JMM), hongre, par Wembley (SA)
- Recife, Coudelaria Felix da Costa (MXC), mâle, par Urque (CI) et Mare (CFR) par Neptuno (MV)
- Relento, João Pedro Rodrigues (JGR), mâle, par Luxo (SPP) par Xaquiro (CI) et Liverpool (JGR) par Vermute (TC)
- Regalo, Dr Pedro Ferraz da Costa (PFC), mâle, par Opus-72 par Firme (SA) et Joca (PFC) par Coral (JBN)
- Regente, Pedro Sousa Vieira (PSV), mâle, par Manolete (PSV) par Xaquiro (CI) et Janota (PSV) par Altivo (PC)
- Restea, Dr Pedro Ferraz da Costa (PFC), femelle, par Esquivo (RC) et Inata (PFC) par Novilheiro (MV)
- Rewisor, Monte de Ravasqueira (JMM), hongre, par Wembley (SA)
- Riacho, Paulo Caetano (PC), mâle, par Neptuno (MV) par Firme (SA) et Bailarina
- Rivoli, Coudelaria Lobo de Vasconcellos (LV), mâle
- Rodopio, mâle, par Inca par Novilheiro (MV) et Narceja par Rabi (JM)
- Rouxinol, João Pedro Rodrigues (JGR), mâle, par Xaquiro (CI) par Quieto (CI), et Coca (OGC) par Maravilha (MV)
- Gabarito, Paulo Caetano (PC), mâle cruzado, par Tupi-Lupi par Quo Vadis et Juta

‹ CHEVAUX NÉS EN 1999

- Semanario, Coudelaria Ortigão Costa (OC), mâle, par Marques (CFR) par Neptuno (MV) et Fazenda (OC) par Zaire (OC)
- Sevilhana, Dr Carlos Ferreira, femelle, par Inca par Novilheiro (MV)et Janota par Almonda (MV)
- Sigonha, Dr Pedro Ferraz da Costa (PFC), femelle, par Esquivo (RC) par Minuto (MV) et Doris (HAE) par Zagalo (HAE)
- Soleare, Paulo Caetano (PC), mâle, par Distinto (CFR) par Dragão (SA) et Bailarina
- Sol e Sombra, Paulo Caetano (PC), mâle, par Distinto (CFR) par Dragão (SA) et Juna (PC) par Altivo (PC)
- Sonante, Coudelaria Felix da Costa (MXC), mâle, par Xaquiro (CI) par Quieto (CI) et Caprichosa (RC) par Venturoso III (MV)
- Spartacus, fer Coudelaria Santa Margarida (CSM), mâle, par Xaquiro (CI) par Quieto (CI) et Quieta (CI) ; et par Juno (CSM) par Universo (MV) et Ujica (CN)
- Suberano, Manuel Assunção Coimbra (MAC), mâle, par Habil

‹ CHEVAUX NÉS EN 2000

- Talio, Coudelaria Ortigão Costa (OC), mâle, par Latino par Maravilha (MV) et Toja (OC) par Official (OC)
- Tangerina, Dr Carlos Ferreira, par Damasco (MV) par Nilo (MV) et Lora par Neptuno (MV) ;
- Tarambola, Coudelaria Santa Margarida (CSM) femelle, par Opus 72 (MV) par Firme (SA) et Libelinha (CSM) par Universo (MV)
- Tarik, Arsénio Raposo Cordeiro (RC), mâle, par Lidador (RC) par Novilheiro (MV) et Lagrima (RC) par Novilheiro (MV)
- Tentador, José Gouvaia, mâle
- Tocano, Coudelaria Felix da Costa (MXC), mâle, par Official (CFR) par Neptuno (MV) et Princesa (CFR) par Zique (CI)
- Trigo, Dr Pedro Ferraz da Costa (PFC), mâle, par Ouro (PFC) par Opus 72 (MV) et Gaucha (JBN) par Novilheiro (MV)
- T-Mina de Lafont, Sylvain Massa (SM), femelle, par Galopin de Lafont (SM) par Espanto (MV) et Admira (SM) par Xiwara
- T-Xaveco, Luís Sommer d'Andrade (LAN), mâle, par Lugre (SA) et Fanerogamica (SA)
- Trunfo, Brio Paes (BP), mâle cruzado, par Xaquiro (CI) par Quieto (CI) et Harmony par Magic Count PSAr

‹ CHEVAUX NÉS EN 2001

- Ucalitos, Coudelaria Felix da Costa (MXC), mâle, par Official (CFR) par Neptuno (MV) et Princesa (CFR) par Zique (CI)
- Ulisses, Arsénio Raposo Cordeiro (RC), mâle, par Coral (JBN) et Gaivota (RC) par Zique (CI)

- Ultimato, Sociedade das Silveiras (SS), mâle, par Herodes (MAC) par Distinto (MAC) et Palmeira (SS) par Trinco (MMT)
- Urtigão, Dr Pedro Ferraz da Costa (PFC), mâle, par Quito (MMT) par Iberico (MMT) et Lagartixa (PFC) par Esquivo (RC)
- Ulisse, Sociedade das Silveiras (SS) mâle, par Quixote (SS) par Invulgar (JHC) et Palanca par Invulgar (JHC)
- U-Ninja Menezes, Dany Lahaye (DL), par Visquilho et O-Hucharia par Almansor II

‹ CHEVAUX NÉS EN 2002

- Valioso, Coudelaria Ortigão Costa (OC), mâle, par Latino et Ezorba (OC) parZaire (OC)
- Vampe, Coudelaria Felix da Costa (MXC), femelle, par Universo (MV) par Lidador II (MV) et Jandada (CFR) par Dragão (SA)
- Viola, Sociedade das Silveiras (SS), femelle, par Quixote (SS) par Invulgar (JHC) et Rafia (SS) par Matador (SS)
- Violino, Sociedade das Silveiras, (SS), mâle, par Ofensor (MV) par Danubio (MV) et Tricana II (MV) ; et par Querida (SS) par Invulgar (JHC) et Espora (SS)
- Vistosa, Sociedade das Silveiras, (SS), femelle, par Ofensor (MV) par Danubio (MV) et Tricana II (MV) ; et Lai-Lai (SSC) par Novilheiro (MV) et Brava (GUB)

‹ CHEVAUX NÉS EN 2003

- XL, Coudelaria Felix da Costa (MXC), mâle, par Universo (MV) par Lidador II et Marquesa par Neptuno (MV)
- Xama, Dr Pedro Ferraz da Costa (PFC), femelle, par Jocoso (PFC) par Coral (JBN) et Redea (PFC) par Opus 72 (MV)
- Xarlot, Coudelaria Felix da Costa (MXC), mâle, par Universo (MV) par Lidador II et Jandada (CFR) par Dragão (SA)
- Xelim, Coudelaria Ortigão Costa (OC), par Latino par Maravilha (MV) et Ordenança (OC) par Dito
- Ximena, Sociedade das Silveiras (SS), par Napoleonico (MV) par Danubio (MV) et Rafia (SS) par Matador (SS)
- Xinoca, Dr Pedro Ferraz da Costa (PFC), femelle, par Jocoso (PFC) par Coral (JBN) et Pipoca (PFC) par Opus 72 (MV)
- Xistoso, Dr Pedro Ferraz da Costa (PFC), femelle, par Jocoso (PFC) et Quadrilla (PFC) par Opus 72 (MV)
- Xita, Dr Carlos Ferreira, femelle, par Nobre par Neptuno (MV) et Primera (Carlos Ferreira) par Novilheiro (MV)

Jument et son poulain chez José Manuel de Mello.

Bibliographie

LIVRES

(Les auteurs sont rangés par ordre alphabétique suivant leur prénom.)

‹ **Alberto Tavares Barreto :** *Cavalos Veiga : Tradição e actualidade*, Edições Inapa, Lisbonne, avril 1999

‹ **Arsénio Raposo Cordeiro (et Ruy d'Andrade, Fernando d'Andrade, Guilherme Borba) :** *Cavalo Lusitano : Filho do Vento*, Edições Inapa, Lisbonne 1989 (1re édition) et 2002 (3e édition)

‹ Augusto do Souto Barreiros (textes) et Francisco de Almeida Dias (photos) : *Golegã : Capital do Cavalo - National Horse Fair (Feira Nacional do Cavalo e Feira International do Cavalo Lusitano)*, Elo Editores, novembre 2000

‹ **Carlos Henriques Pereira :** *Etude du premier traité d'équitation portugais « Livro da ensinança de bem cavalgar toda sela » du roi Dom Duarte*, L'Harmattan, Paris, 2001

‹ **Christian-H. Savard :** *L'habit du cheval, selle et bride*, Office du Livre, Editions Vilo, Fribourg, 1975

‹ **D. Diogo de Bragança :** *L'Équitation de tradition française autrefois et aujourd'hui*, Odège, Le Livre de Paris, Paris, 1975

‹ D. Diogo de Bragança : *Arte Equestre - Picaria Antiga, Equitação Moderna*, Edições Inapa, Lisbonne 1997 (2e édition)

‹ **Fernando Luís Sommer d'Andrade :** *A Short Story of the Spanish Horse and of the Iberian « Gineta » Horsemanship for which this Horse is adapted*, Lisbonne 1973

‹ **Francisco Palha Botelho Neves :** *O Toiro de Lide em Portugal*, Edições Inapa, Lisbonne, 1992

‹ Gemma Antonetta van Dijk : *Alter Real 1748-1998*, Dimension 2D-3D Designers Editors, 2000

‹ **Jean-François Labourdette :** *Histoire du Portugal*, éditions Fayard, 2000

‹ **João Costa-Ferreira et Pedro Castro Henriques :** *Lusitano : O Cavalo ancestral do Sudoeste da Europa*, Edição Luís V. Vilaça - Iconom, Lisbonne, 2001

‹ **Lætitia Boulin-Néel :** *Chevaux de Rêve : les plus belles races du monde*, Éditions Larivière, Clichy, novembre 2003

‹ **Lina Gorjão Clara et João Gorjão Clara :** *O Traje Português de Equitação (The Portuguese riding Costume)*, Prolisipo, Lisbonne 1995 ;

‹ **M. Homem Themudo :** *Coudeleria de Alter - Um Outro Olhar Sobre o Passado*, Serviço Nacional Coudélico, Ministério da Agricultura, do Desenvolvimento Rural e das Pescas, 1998

‹ **D. Manuel de Lancastre :** *O Puro Sangue Lusitano*, Chaves Ferreira - Publicaçoes S.A, Lisbonne, mai 2000 ;

‹ **Marine Oussedik (Dessins) et Carlos Henriques Pereira (textes) :** *Les Chevaux de Rois - Cavalos Reais*, Martelle Editions, Amiens, octobre 2003

‹ **Paulo Caetano :** *Paulo Caetano - de Costas voltadas para o mar*, Edição Tolt, juin 2002

‹ **Paulo Gavião Gonzaga :** *A History of a Horse - volume 1 : The Iberian Horse from Ice Age to Antiquity*, J.A. Allen (Robert Hale Ltd), Londres, 2004

ARTICLES ET CONFÉRENCES, THÈSES

‹ **João da Costa Ferreira et Maria do Mar :** Consanguinidade na raça lusitana, document du Serviço nacional Coudélico, extrait de Revista portuguesa de sciêncas veterinarias, vol. LXXXIV, n° 490, abril/junho 1989

‹ **Lætitia Boulin :** Cheval Pratique n° 163, Les Seigneurs du Tage, dossier spécial pur-sang lusitanien, Clichy, octobre 2003.

‹ **Liliana Rita Frazão Hipolito Castelo :** O Comportemento Social do Cavalo do Sorraia, Thèse de fin d'étude d'ingénieur en production animale de l'Institut Polytechnique de Santarem, Santarem, 2004 ;

‹ **Paulo Caetano :** Conférence sur l'art de toréer à cheval (Toureo), Bruxelles, février 2004

STUD-BOOK, RÈGLEMENT ET CATALOGUES D'ASSOCIATIONS

‹ *Stud-book da Raça Lusitana III (1993-1995) :* Associação portuguesa de criadores do cavalo puro sangue Lusitano, Composição Serviço Nacional Coudélico, juin 2002

‹ *Regulamento do Livro genealogico do cavalo da raça lusitana* : Associação portuguesa de criadores do cavalo puro sangue Lusitano, Edição A.P.S.L., 2004

‹ *Lusitano - Festival Internacional do Puro Sangue Lusitano :* catalogues 1999, 2000, 2001, 2002, 2003 et 2004, Associação portuguesa de criadores do cavalo puro sangue Lusitano, Edição A.P.S.L.

‹ *Masters du Cheval Ibérique* : Catalogue 2001, Association Masters du Cheval Ibérique

Ainsi que nombreux articles publiés dans les magazines portugais spécialisés :

PRESSE

‹ Le bimestriel *Revista Equitaçao*, du premier numéro jusqu'à aujourd'hui (n° 48)

‹ Le mensuel *Novo Burladero*

‹ Le mensuel *Campo & Arena*

SITES INTERNET

‹ www.cavalo-lusitano.com

‹ www.sorraia.net

‹ www.toirosecavalos.com

‹ www.equitacao.com

‹ www.corridas.net

REMERCIEMENTS

Je tiens à remercier spécialement Pascal Galodé, mon éditeur, qui a cru en moi, et m'a laissé les rênes sur l'encolure, pour partir au grand galop, m'installer plus de quatre mois au Portugal.

Je tiens également à remercier particulièrement :
‹ Tania Rodrigues et João Pedro Caleia, responsable de l'élevage Ortigão Costa ;
‹ Aude Pinto et Daniel Pinto, cavalier olympique de dressage ;
‹ Ana Paula Oliveira et Eduardo de Carvalho, respectivement rédactrice en chef et directeur du magazine bimestriel Revista Equitação ;
‹ Paulo Caetano, torero et éleveur, ainsi que ses enfants Maria et João Moura Caetano.
Leur précieuse aide et leur dévouement n'ont d'égal que la qualité de leur amitié qu'ils m'ont accordée avec tant de gentillesse. Promis, je reviens vite !

D'autre part, ce livre n'aurait pu voir le jour sans la précieuse aide de :
‹ João Ralão Duarte, Secrétaire général de l'A.P.S.L. ;
‹ Dr Pedro Ferraz da Costa, éleveur et président de l'A.P.S.L. ;
‹ Arsénio Raposo Cordeiro, éleveur et premier président de l'A.P.S.L. ;
‹ José Manuel de Mello, éleveur et second président de l'A.P.S.L ;
‹ Filipe Figueiredo (Graciosa), directeur et Ecuyer en chef de l'Ecole portugaise d'art équestre ;
‹ Dr João da Costa Ferreira, directeur du Service national des Haras et directeur de la Coudelaria de Alter ;
‹ Dr Mario Barbosa, directeur de la Coudelaria nacional, et Lucilio, le campino du Lezírão (potril d'Azambuja) ;
‹ Luís Valença Rodrigues.

des éleveurs
‹ Manuel Braga (Sociedade das Silveiras) ;
‹ Miguel Felix da Costa ;
‹ Piedade et Luís Pidwell, (Coudelaria Santa Margarida) ;
‹ Jorge Ortigão Costa ;
‹ José Luís Sommer d'Andrade ;
‹ Manuel Tavares Veiga ;
‹ Dr Carlos Ferreira ;
‹ Jaime Romão Tavares (Coudelaria Romão Tavares) ;
‹ Manuel Assunção Coimbra.
‹ Francisco Bessa do Carvalho, cavalier de l'École portugaise d'art équestre, éleveur et juge de l'A.P.S.L. ;
‹ Bento Castelhano, cavalier et juge de l'A.P.S.L.

des toreros
‹ João Salgueiro ;
‹ Vitor Ribeiro et son banderillero João Courto ;
‹ Rui Fernandes.

des cavaliers
‹ Sergio Martin ;
‹ Jeannette Jenny et Jorge Sousa ;
‹ Luís Castro Lobo, Nuno Avelar, Nuno Vicente, César Marques, Antonio Palminha dit "Toy", Paulo Bastos, João Oliveira, Mirabelle Segard…

et aussi
‹ Dr João Gorjão Clara, grand spécialiste du costume portugais ;
‹ Colonel José Miguel Cabedo, grand connaisseur du monde équestre portugais ;
‹ Dr Domingos da Costa Xavier, critique de tauromachie ;
‹ Emilio, photographe tauromachique.

D'autre part, mon long séjour portugais m'a permis de rencontrer nombre de personnes compétentes que je ne peux pas toutes citer. J'espère que qu'elles ne m'en tiendront pas grief.

Enfin, je tiens à remercier :
‹ Christophe Favière pour sa maquette et sa patience, ainsi que toute l'équipe "Livres" des Éditions Larivière.
‹ Thierry Ségard, pour ses photos exceptionnelles, pour son bon sens et son sang froid qui me re-canalisent quand nécessaire !

Et les membres de ma famille, notamment ma mère et Frédérique, et mes amis, particulièrement Laurence Bouteiller et Pascale Leborgne qui m'ont aidée grâce à leurs relectures éclairées.

Photographies : Thierry Ségard
Couverture : Martin Laignel
Direction artistique : Caroline Laleta Ballini / Studio So What Co., Ltd.

12 rue Mozart, 92110 Clichy
ISBN : 978-2-38058-399-1
Dépôt légal : octobre 2023
Achevé d'imprimer en septembre 2023 par Denona en Croatie.